笠置シヅ子

その言葉と人生

監修 亀井ヱイ子

著 四條たか子

宝島社

「東京ブギウギ」を歌う笠置シヅ子（写真：笠置シヅ子資料室提供）。

日本中を熱狂させた「ブギの女王」笠置シヅ子！

身長150cm程度、体重40kgに満たない小柄な身体ながら、ステージではダイナミック、かつパワフルに歌い踊って、見る者・聴く者をトリコにした笠置シヅ子（本名：亀井静子）。亀井家が秘蔵していた「東京ブギウギ」などのステージ衣装をここに公開！

こんなにカラフルだった!!「東京ブギウギ」のステージ衣装

亀井家秘蔵の「東京ブギウギ」の衣装（写真：笠置シヅ子資料室提供）。

◆ ほとんどアドリブだった ◆

笠置シヅ子オリジナルの振り付け

写真：笠置シヅ子資料室提供

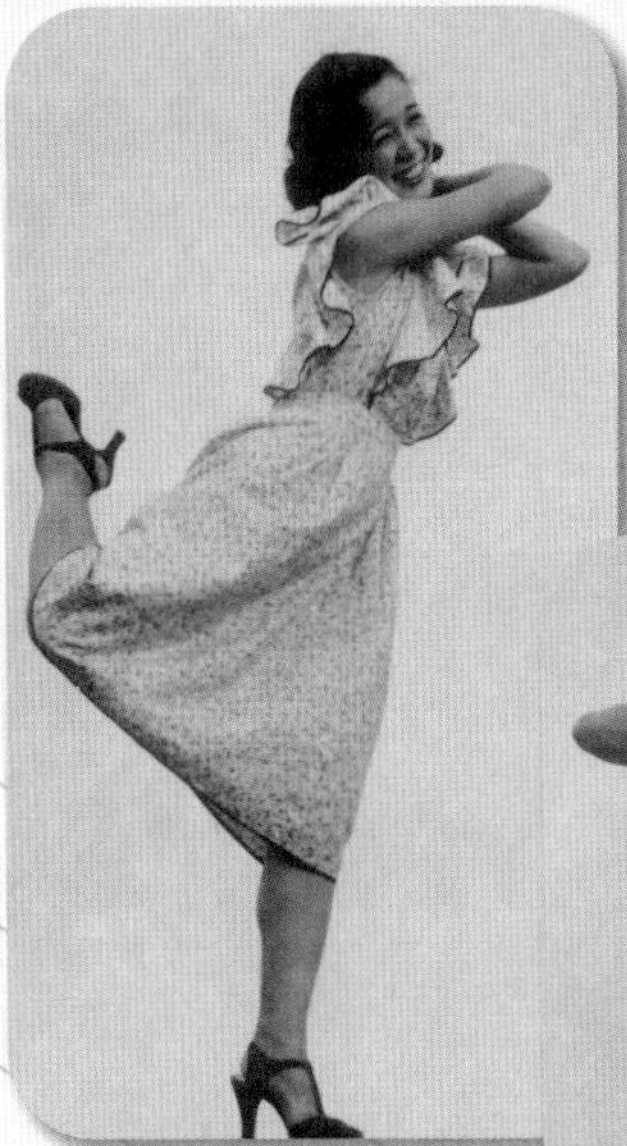

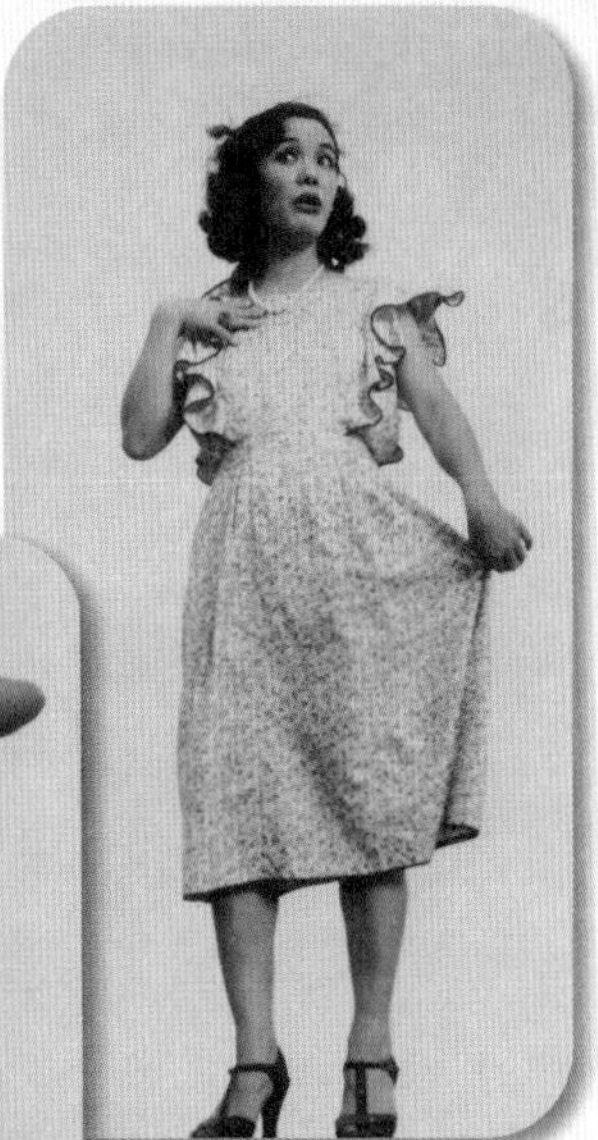

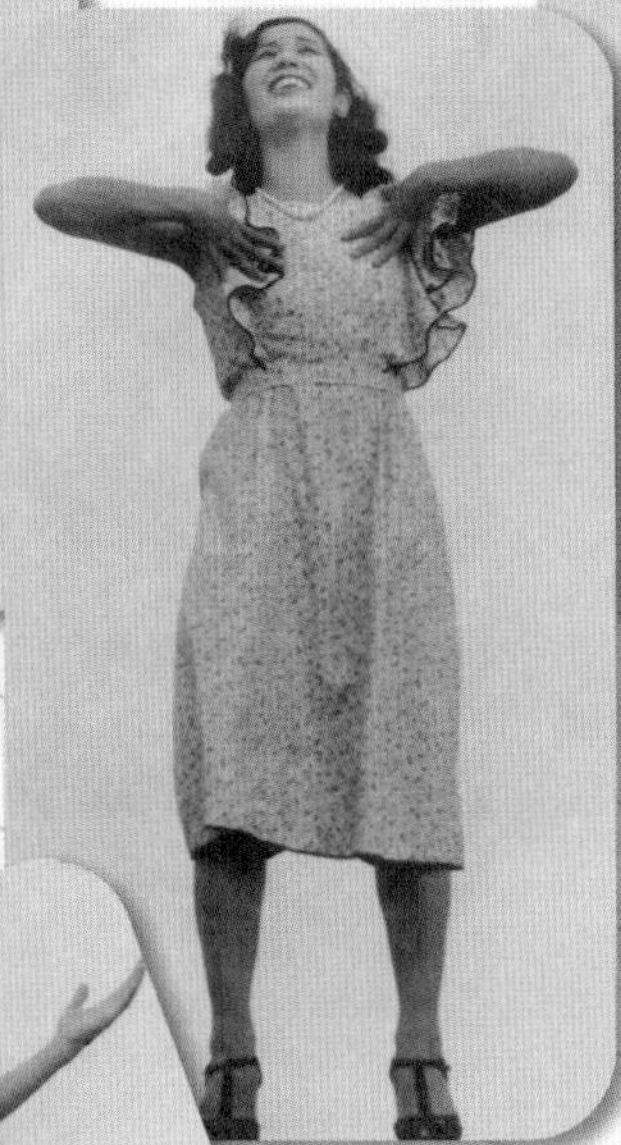

スパンコールとフリルが付いたステージ衣装を着た笠置シヅ子（写真：笠置シズ子資料室提供）。

赤のフリルの
鮮やかさが印象的！
ゴージャスなステージ衣装!!

亀井家に秘蔵されているステージ衣装。今も鮮やかな赤色が健在（写真：笠置シヅ子資料室提供）。

はじめに

全身全霊で芸に励み、歌手として女優として生きた母・笠置シヅ子

監修者　亀井ヱイ子

本書の監修をいたしました亀井ヱイ子です。

私の母・笠置シヅ子（本名：亀井静子）は、大正3年に香川県で生まれ、養子として大阪で育ちました。唱歌と算術が得意だった母は、宝塚少女歌劇団の試験を受けますが、身長が足りず不合格となり、大阪松竹楽劇部に入って舞台デビュー。地道な努力により松竹楽劇部のトップスターとなります。その後、名コンビと言われた作曲家の服部良一先生の知己を得て、先生の曲を歌い、「スイングの女王」と呼ばれましたが、日中戦争が始まると、母は敵性歌手として何度も警視庁に呼び出され、舞台にも妨害が入るようになりました。

第2次世界大戦中に、吉本興業の創業者吉本せいの次男で、早稲田大学の学生だった吉本穎右《えいすけ》と出会い、二人は恋に落ちます。しかし、戦争が終わり、これからという時に、穎右は病を得てしまいます。

穎右は大阪、母は東京と離ればなれになりますが、その後、母の妊娠が発覚。穎右は、私が生まれる前に他界してしまいます。残された母は穎右の実家に頼ることなく、自分ひとりで私を育てようと決意します。

身長が１５０ｃｍ前後、体重は37～38ｋｇしかない小柄な身体で、母はステージいっぱいに激しく踊り歌いました。全身全霊で私を守ろうとしたのだと思います。そうした努力の中、服部良一先生が作ってくださった「東京ブギウギ」が大ヒットし、母は一躍トップスターになり、「ブギの女王」と呼ばれました。しかし、母は外で見せる顔とは違い、私生活ではどこまでも質素で、誰に対しても律儀な人でした。私を芸能人の子としてではなく、一般の方同様に育てようとしました。

40代になると歌手を廃業、女優業に専念し、ラジオやテレビなど、求められる仕事を精一杯務めました。

波瀾万丈な人生でしたが、一途に真摯に生きた母・笠置シヅ子の人生をたどりつつ、本書を楽しんでいただけたらと思います。

1950(昭和25)年、
服部良一と日系人慰問公演のために
渡米した際の写真。
(笠置シヅ子資料室提供)

笠置シヅ子 *Kasagi Shizuko*

1914(大正3)年8月25日、香川県大川郡相生村
(旧:引田町、現:東かがわ市)生まれ、大阪育ち。
1927(昭和2)年、大阪松竹楽劇部(OSK)に入り、
三笠静子の芸名で初舞台。芸名を笠置シズ子と改め、
作曲家・服部良一と組んでジャズ歌手として売り出すが、
戦時中は敵性歌手として弾圧される。
1948(昭和23)年1月に発売した「東京ブギウギ」が大ヒット、
“ブギの女王”と呼ばれた。1956(昭和31)年に
歌手を引退、芸名を笠置シヅ子と改めて
芝居やテレビドラマ、歌謡番組の審査員などで活躍した。
1985(昭和60)年3月30日、70歳で死去。

※116ページから
亀井ヱイ子氏のインタビューが掲載されています。

目次

第4章 大ヒット曲誕生

第5章 女優として国民に親しまれる

協力　笠置シヅ子資料室
服部音楽出版
東かがわ市歴史民俗史料館
松竹株式会社関西演劇室
カネヨ石鹸株式会社

編集　有限会社マイストリート（高見澤秀／豊岡昭彦）
デザイン　ベター・デイズ（大久保裕文／小渕映理子）
DTP　株式会社 明昌堂

第1章

芸の道に生きる

香川で生まれて大阪へ

✦ 笠置シヅ子の言葉

私をもうけた時、父は二十二、三歳、母は十八、九歳だったそうです。父はその後、正式な結婚をせずして若くして死にました。父も母もあんまり幸福な人生を送った人ではなかったようです。

（笠置シヅ子『歌う自画像』より）

旧家の一人息子と家事見習いの娘の恋

「ブギの女王」として一世を風靡した笠置シヅ子（注：笠置シヅ子は、本名も芸名も何度か変更になるため、本文では「笠置シヅ子」または「シヅ子」と表記します）が、香川県大川郡相生村（現・東かがわ市）に生まれたのは1914（大正3）年8月25日。サラエボ事件を機に第1次世界大戦が勃発し、日本がドイツに宣戦布告して間もないころである。

相生村は馬宿川の扇状地に広がる農村地帯で、香川県の東端に位置し、甘蔗《かんしょ》（サトウキビ）から作られる和三盆の産地として知られている。

シヅ子の父・三谷陳平の生家は馬宿川東岸の黒羽庄原の豪農で、当主が「四郎兵衛」を名乗ったことから「しろべえはん」と呼ばれていた。18世紀半ば

10代の笠置シヅ子
（引田町史より転載、
東かがわ市歴史民俗資料館提供）。

から製糖業を始めて「黒茂」という屋号を名乗り、陳平はその9代目を継ぐ身であった。なお、分家の「孫黒茂」の三谷製糖は現在も昔ながらの手法で和三盆の製造を続けている。

母の谷口鳴尾は同じ黒羽庄原の生まれで、三谷家に住み込み、和裁や礼儀作法を習っていた。二人の恋は鳴尾の妊娠という形で露見したが、旧家としての伝統やしきたりを重んじる三谷家は二人の結婚を認めなかった。

母の乳の出が悪く もらい乳で育つ

月が満ちて生まれた女児は「静子」と名付けられ、実家に戻った鳴尾が育てることになった。鳴尾は期せずして未婚の母となったのだ。

シヅ子が生まれておよそ2カ月、連合国側として参戦した日本軍が山東半島に上陸、青島を陥落させると、日本中で提灯行列が行われた。父を持たない乳飲み子を抱えた鳴尾は、どんな思いでそのにぎやかな行列を見たのだろう。

陳平さんはどうしているのか、もう二度と合えないのだろうか、これから自分とシヅ子はどうなるのだろうか……。そんな不安と心細さが堂々巡りして、鳴尾の乳の出を悪くした。

そんな時、出産のために隣の引田町に里帰りしていた亀井うめという女性を紹介してくれる人があった。

引田町には和三盆の積み出し港として栄えた引田港があり、漁業や製塩業も盛んだった。当時、砂糖や塩は「讃岐三白」（砂糖・塩・綿）と呼ばれ、香川の名産品として知られていた。

そして明治中期以降、国内きっての手袋産地となった。うめはメリヤスと手袋の工場を経営していた中島家の娘で、嫁ぎ先の大阪から実家に戻り、次男の正雄を生んだばかりだった。

うめは正雄への授乳の合間に快くシヅ子に乳を与えた。うめの乳が合ったのか、ひ弱だったシヅ子も次第に丈夫になった。鳴尾は縫い物の賃仕事で生活費を稼がねばならず、シヅ子はうめと過ごす時間が増えていった。

夕方、鳴尾が中島家の母屋《おもや》にシヅ子を迎えに来ると、うめはシヅ子との別れを惜しみ、そのたびにこんな冗談を口にするようになった。

「なんや情が移って、手離すのが惜しなってきた。いっそのこと、おばちゃんが貰うて大阪へ去《いん》のかしら」（『歌う自画像』より）

亀井夫婦の養子となって大阪へ行く

大正時代の梅田停車場。シヅ子の自伝には、シヅ子と正雄を連れたうめを、夫の音吉が迎えに来ていたと記載されている（国立国会図書館蔵）。

シヅ子はうめによく懐《なつ》いていた。そのため、うめの「もらおうか」という軽口は、谷口家にすれば渡りに船だった。まだ若い鳴尾がこの先、良縁に恵まれるためには子連れではない方がよい。谷口家の両親や親戚はこぞって鳴尾の説得にかかった。

「このまま女手ひとつで育てるより、二親《ふたおや》そろった亀井さんに育ててもらった方がシヅ子のためにもよい」

毎日顔を合わせるうめの言葉も鳴尾の背中を押した。

「虫ひとつ食わせず、あんじょう育てるさかい、心配せんと、あんたの身を立てることに精を出しなはれ」

こうしてシヅ子は大阪で米や薪炭を商っていた亀井音吉・うめ夫妻の養子となり、「亀井ミツエ」の名で入籍した。生後6カ月ごろのことである。

明日は大阪へ出発という夜、鳴尾はシヅ子を抱きすくめて泣き明かした。そして三谷家から贈られた唐縮緬（モスリン）の晴れ着に静子を包み、うめの元へ届けた。この晴れ着は、三谷家から鳴尾とシヅ子に示された唯一の誠意だった。

こうしてうめはシヅ子と少し後に生まれた正雄を連れ、夫の音吉が待つ大阪へ向かった。当時の大阪市は首都東京市をしのぐ日本第一の大都市で、「大大阪」と呼ばれていた。

うめがシヅ子を養子にしたのは、シヅ子の境遇に同情したのか、単に子どもが好きだったからなのか、その真意はわからない。ともあれ、シヅ子はうめの乳をもらったことで、まったく別の人生を歩むことになった。

シヅ子が亀井家の養子である事実を知るのはずっと後になってからである。

大阪松竹座で初舞台

◆ 笠置シヅ子の言葉

わては宝塚でハネられたのが残念だんね。
こうなったら意地でも、道頓堀で一人前になって
なんぼ身体がちっちょうても
芸に変わりはないところを見せてやろう思まんね。

（『歌う自画像』より）

亀井家の娘として慈しまれて育つ

亀井うめは生後半年余りのシヅ子と正雄を連れて大阪へ戻った。出迎えた夫の音吉は驚いた。

「うわあ、どないしてん、双子かいな、こりゃ、えらいこッちゃ」

「そやおまへん。一人はよその子を貰うて来ましてん」

音吉はうめがシヅ子を引き取ったことをこの時まで知らなかったのだ。どの家も子だくさんで、子育てに大らかだった時代ならではの成り行きといえるだろう。

音吉は「難儀なことやな」とぼやきながらシヅ子の顔をのぞき込んだ。

「なんや、しょむない、女のくせに、どえらい口、さらしてけつかる」

こうしてシヅ子は下福島（現・大阪市

1933（昭和8）年4月、大阪歌舞伎座の「歌舞伎おどり」で、
三笠静子として出演していた時の写真
（松竹株式会社関西演劇室提供）。

芝居小屋などが建ち並んでいた大正時代の道頓堀（国立国会図書館蔵）。

福島区）の亀井家に迎えられ、音吉、うめ、長男の頼一、次男の正雄、後に生まれた三男の八郎との暮らしが始まった。

しかし、生まれつき呼吸器が弱かった正雄は風邪をこじらせて夭折《ようせつ》し、頼一も病死してしまった。うめが産んだ7人の子のうち、無事に成長したのは八郎だけだったので、うめはシヅ子を大切に育てた。

ところが1918（大正7）年8月、富山に端を発した米騒動が全国に飛び火し、大阪でもあちこちで焼き討ち騒ぎが起こった。音吉夫婦はこれを機に米屋を廃業、近くの銭湯を買い取って転業した。

宝塚少女歌劇団受験も　まさかの不合格

銭湯の客の中に芸妓上がりの大工のおかみさんがいた。湯上がりに長唄の「宵は待ち」（明けの鐘）を踊るとシヅ子が器用にまねするので、うめはシヅ子に日本舞踊を習わせることにした。うめ自身も芸事が好きだったし、「芸は身を助ける」と思ったからだ。

シヅ子は銭湯の脱衣場で歌ったり踊ったりするようになり、頼まれて小屋掛け芝居で子役を演じたこともあった。

1921（大正10）年4月、シヅ子は下福島尋常小学校に入学したのを機に「ミツエ」を「志津子」に、後に「静子」と改名された。その後、一家は中津、十三、川口、恩加島、鶴町、南田辺へ転居を繰り返したが、それは人口が急増する中で、銭湯の営業区域がたびたび変更されたからだった。

シヅ子は曾根崎尋常小学校、神津尋常小学校、本田尋常小学校へと転校を重ね、1927（昭和2）年3月、南恩加島尋常小学校を卒業した。

高等女学校や高等小学校へ進む女子はまだ少なく、唱歌と算術が得意だったシヅ子は、両親や近所の人の話を聞いて、宝塚少女歌劇団の試験を受けることを決めた。1924（大正13）年7月に4000席の宝塚大劇場（兵庫県宝塚市）が完成し、花・月・雪組の3組が毎月交代で行う公演が評判になっていたからである。筆記試験も口頭試問も難なく突破したものの、不合格だった。身長が足りなかったのだ。五黄の寅の生まれで負けん気の強いシヅ子は、「落ちた」とは言わなかった。

「うち、あんなとこ、好かんさかいやめてきてしもた。おすましで、気取り屋で性に合わん」（『歌う自画像』より）

大阪松竹座「春のおどり」で一躍注目

シヅ子は道頓堀松竹座を拠点として注目を集め始めていた松竹楽劇部に目標を切り替えた。生徒の募集は終わっていたが、連日事務所に通って訴え続けるうちに、松本四郎・音楽部長が声をかけてくれた。

切々と入団を訴えるシヅ子の口調や声、小柄ながら敏捷な動きに見どころがあると感じたのだろう。

「よしゃ、明日から来てみなはれ」

シヅ子の熱意が通じたのだ。シヅ子は先輩スターの部屋子となり、雑用をこなしながら歌や踊りの稽古に打ち込んだ。お情けで入れてもらった自分は、人一倍辛抱しなければいけないという強い覚悟があった。

近所の人に「三笠静子」という芸名を付けてもらい、同年夏の「日本新八景おどり」のレビューで初舞台を踏んだ。「華厳の滝の水玉の精」の役だった。

先輩後輩の序列に厳しい松竹歌劇で役らしい役をもらうためには、実力はもちろん、先生や先輩たちにかわいがられなければならない。シヅ子は誰が休んでも代役を務められるよう、全部の役を頭に入れた。

この作戦は功を奏した。小さな身体できびきび働くシヅ子は「豆ちゃんでないと用が足れへん」と重宝がられ、小さな役に抜てきされることが増えていった。

当初は踊りの心得があることから舞踊専科に所属したが、しばらくして声楽科に転向、入団5年目の1932（昭和7）年、「春のおどり」で歌ったコミックソングで一躍注目を集める存在となった。頬を赤く塗った道化娘の役で、これが後の笠置シヅ子のキャラクターの原点となった。

シヅ子、水の江瀧子と出会う

✦ 笠置シヅ子の言葉

大阪とはいえ、郊外の工場街や細民街に育ち、幼い時から映画や芝居も見ず、本もろくろく読まず、ただ田舎者の向こう見ずで、世に出ることばかり考えていた私に、どうして夢や美がありましょう。最初から私は少女歌劇の異端児だったのかもしれません。

（『歌う自画像』より）

浅草松竹座を開設 東京松竹歌劇部ができる

阪急グループの創業者・小林一三が宝塚少女歌劇団を創設したのは、笠置シヅ子が生まれたのと同じ1914（大正3）年。各地に少女歌劇団が誕生する中、1922（大正11）年に大阪松竹社長の白井松次郎が松竹版の少女歌劇として「松竹楽劇部養成所」を創設、翌年から道頓堀松竹座を拠点に活動を始めた。

1928（昭和3）年には東京に浅草松竹座を開設して新たに東京松竹歌劇部を創設、水の江瀧子《たきこ》らが第1期生として採用され、同年末の旗揚げ公演にはシヅ子を含む松竹歌劇部のメンバーが参加した。これがシヅ子の初めての上京で、シヅ子と瀧子はこの時初めて出会った。

入団当時の水の江瀧子
（国立国会図書館蔵）。

瀧子は1915（大正4）年2月生まれで、シヅ子とは同学年である。

東京公演では同じ木挽町《こびきちょう》（東京都中央区）に宿を取る宝塚少女歌劇団と鉢合わせになることも多かった。宝塚に因縁のあるシヅ子は彼女らの豪華な宿がしゃくに障り、窓の下で悪態をついた。

「なんや、えらそうに納まって、ちょっと、ここまで出てきいな。旅は道づれというやないか。同じ大阪から出てきて、そんなに木で鼻をくくらんかて、ええやないか」（『歌う自画像』より）

宝塚の団員たちも心得たものだ。

「おもろい女の子が来よった。えらい鼻息で、猿のような顔をして怒鳴っとるがな」

などと言い返す。シヅ子と軽口を叩き合った橘薫は後にシャンソン歌手として活躍し、二人は長く親交を保った。

少女部員らが参加した松竹の桃色争議

水の江瀧子が断髪して青年役を演じたのは、162cmの高身長のせいだった。それまでも男役は存在したが、実際に男性のように断髪した最初の男役として「男装の麗人・ターキー」人気に火がついた。

ところが1933（昭和8）年6月、松竹の人員整理や減給措置に怒った劇団音楽部員との間で対立が生じた。少女部員も同調し、瀧子を委員長とする労働争議へと発展した。10代、20代の女性が加わった騒動は「桃色争議」と呼ばれて世間の関心を集めたが、交渉は難航。瀧子らは湯河原温泉（神奈川県湯河原町）の旅館に立て籠もった。

労働争議はシヅ子らが所属する大阪松竹にも及び、シヅ子は人気スターの飛鳥明子、秋月恵美子らと舞台をサボタージュして高野山に立て籠もった。初めて会った時から互いに認め合った瀧子の行動に何か感じるもの

1933（昭和8年）の労働争議は「桃色争議」と呼ばれ、新聞でも取り上げられた（笠置シヅ子資料室提供）。

があったのだろう。

7月12日、事態は警視庁の一斉捜索で終結に向かい、飛鳥は退団、瀧子は謹慎処分(11月に復帰)となったが、シヅ子を含めて多くはお咎めなし。騒動の発端となった賃金カットは実行されず、待遇改善などの要求はほぼ認められた。

この騒動の後、東京松竹少女歌劇部は松竹本社の直轄となり、松竹少女歌劇団(SSK)と改められた。

出生の秘密を知り 生母の言葉を心に刻む

1931(昭和6)年夏、うめはシヅ子と八郎を伴って香川の引田村に帰省した。シヅ子が生まれた翌年に亡くなった実父・三谷陳平の十七回忌にシヅ子を参列させるよう、内々に頼まれたからだった。

跡取り息子と妻を亡くした三谷家の祖父・栄五郎がシヅ子に会いたがるので、うめは何度か三谷家に連れて行ったが、小学校に上がってからは近づかなかった。シヅ子に真実を知られぬよう、常に周囲に気を配っていたが、この時は風呂屋が忙しいという音吉の電報で大阪へ呼び戻された。

親戚の法事だと信じていたシヅ子はほぼ10年ぶりに三谷家を訪れた。少女歌劇の一員と知った参会者に請われ、得意の踊りを披露するうちに、不用意な会話が耳に飛び込んできた。

「こんなに大きうなって、仏もさだめしよろこんどるやろう」

シヅ子は、うめの実家の中島家に戻り、叔母を問いただした。渋る叔母からようやく聞き出したのは、法事は実父のもので、実の母も昨晩参列していたという。

シヅ子はすぐに叔母から聞いた生母の住まいを訪ねた。娘の姿を見かけた鳴尾は訪問を覚悟していたらしく、淡々としていたが、感情を高ぶらせたシヅ子がわっと泣き伏すと、つられて涙をこぼした。

シヅ子は鳴尾から実父の形見の金無垢《きんむく》の置き時計をもらったが、この日に起きたことは父にも母にも話さなかった。自分の生い立ちをを知ってしまったことを、慈愛深い両親に悟られるわけにはいかなかった。

「早《は》よう出世して大阪のお父さんやお母はんをよろこばして上げな、いけまへん」

そう絞り出すように言った生母の言葉を、シヅ子は生涯忘れなかった。

シヅ子、スターへ

◆ 笠置シヅ子の言葉

そのうち浅草に国際劇場が出来て、昭和十二（一九三七）年に東上して「国際大阪踊り」を出しました。（中略）私は「羽根扇」の歌を歌いましたが、これが東京方の松竹幹部の（中略）耳目に触れて、翌年大阪松竹をやめて私の東上りとなったのです。

（『歌う自画像』より）

松竹歌劇部のトップスター十選に選出

　1933（昭和8）年、松竹は道頓堀の松竹座が手狭になったことから、大阪の千日前（大阪市中央区）の東洋劇場（通称三千人劇場）を買い取り、大阪劇場（大劇）と改めた。松竹歌劇部の本拠地も大劇に移されたこの年、シヅ子はトップスター十選に選ばれており、松竹歌劇部に確かな足場を築いていた。

　翌年、松竹少女歌劇部は大阪松竹少女歌劇団（OSSK）に改称（後の大阪松竹歌劇団＝OSK）した。入団志願者は年々増え、競争も激しくなった。

　シヅ子は大劇の第1回公演のグランド・レビュー「カイエ・ダムール」（愛の手帳）の主題歌「恋のステップ」を歌い、初めてレコーディングを行った。作曲は服部ヘンリー、作詞は高橋掬太郎。

昭和12（1937）年、
大阪松竹少女歌劇団（OSSK）の
「神風踊り」に出演した笠置シヅ子
（提供　朝日新聞社）。

服部ヘンリーは本名を服部逸郎（別名レイモンド服部）といい、後にシヅ子と名コンビとなる服部良一とは別人である。高橋掬太郎は元新聞記者で、作詞家としてのデビュー作「酒は涙か溜息か」が大ヒットしていた。作曲は古賀政男、歌ったのは藤山一郎である。

「カイエ・ダムール」はシヅ子が歌ってコロンビアから発売したレコードも評判となり、1か月の長期公演も文字通りの大成功を収めた。

松竹は、制作・演出に関西演劇界の重鎮・大西利夫や日本に近代的レビューをもたらした大森正男を招く一方、作曲家の服部良一はじめ、振り付けの江川幸一、山口国敏、美術の山田伸吉など、新進気鋭の若手を抜てきした。そのあたりに、松竹が大劇に注いだ熱意がうかがえる。

三笠静子改め笠置シズ子となる

この頃、松竹の少女歌劇は、大阪松竹少女歌劇団（OSSK）と、松竹少女歌劇団（SSK）という東西の姉妹歌劇団を二本柱として興行を行っていた。

一方、東京進出を目指す宝塚少女歌劇団は1932（昭和7）年から東京公演を重ね、1934（昭和9）年に東京宝塚劇場（千代田区有楽町）をオープンさせた。「歌う宝塚・踊る松竹」といわれた両者の集客競争は「レビュー合戦」として注目され、少女歌劇ファンを熱狂させた。

そんな中で1935（昭和10）年、大正天皇の第4皇子である澄宮崇仁さまが成年に達し、三笠宮家を創設されることが報じられた。

松竹は「三笠」を名乗ることは恐れ多いという配慮から三笠静子の改名を決定、以後「笠置シズ子」と名乗ることになった。

人気が定着しつつある中での改名だったが、シヅ子は意に介さず、同年12月のグランド・オペラ「アベック・トア」から笠置シズ子として出演している。

大阪松竹歌劇団の新たな拠点となった大劇は連日連夜の大盛況。入場できない人が続出したため、開演時間を繰上げて早朝公演を行うほどだった。

その中からシヅ子をはじめ、この後OSK（大阪松竹歌劇団）の顔として長く活躍する秋月恵美子と芦原千津子、さらに美鈴あさ子（アーサー美鈴）、柏ハルエらが頭角を表し、美浪スミ子、勝浦千代らが続いた。

第2章

シヅ子、東京へ本格進出

帝国劇場でジャズを歌う

◆ 笠置シヅ子の言葉

当時、このレヴュウ団は少女歌劇しかない日本にスタンダードのスイング・ショウを打ち立てんとする清新な野望に満ち、スタッフの先生方も出演者も打って一丸となっていました。

（『歌う自画像』より）

大阪松竹少女歌劇団から松竹楽劇団（SGD）へ

1937（昭和12）年7月、松竹は松竹歌劇団（SKD）の新たな拠点として、収容人員3600席の浅草国際劇場（東京都台東区）をオープン。こけら落とし公演には大阪松竹少女歌劇団（OSSK）も参加して「国際大阪踊り」を熱演した。この公演を見た評論家の佐藤邦夫はシヅ子をこう評価している。「一寸、形容のつかない妙な魅力を持ったトーチ・シンガアである。歌い方が個性的なところがよい」（1936年『舞踊新潮』5月号より）。

トーチ・シンガーとは恋の悲しみや愁いを情感深く歌い、聴く人の心に灯をともす女性歌手のことである。

新劇女優の岡田嘉子と演出家の杉本良一がソ連に亡命、国境を越えた駆け

「ラッパと娘」を歌う笠置シヅ子（左）と
トランペッター斎藤正義（右）
（笠置シヅ子資料室提供）。

落ち事件が世間を驚かせた1938（昭和13）年、松竹本社の組織体制が見直され、新たに「歌劇部」が発足、東京と大阪の少女歌劇団が一元化されることになった。そんな中、シヅ子は浅草国際劇場での舞台が認められ、新たに創設される松竹楽劇団（SGD）にスカウトされた。

松竹楽劇団は少女歌劇団しか持っていなかった松竹が日劇ダンシング・チームの成功に触発されて創設した男女混合のレビュー団で、帝国劇場（帝劇・東京都千代田区）を拠点とした。

その頃、盧溝橋事件から始まった日中戦争の影響で軍事色が強まり、自由な表現活動を統制する動きが出始めていた。国家総動員法が公布された直後の4月21日、シヅ子は大阪駅から特急「燕」に乗り、新天地・東京を目指した。

服部良一をまごつかせた シヅ子の大変身

松竹楽劇団は演出に増田貞信、指揮者に紙恭輔《かみきょうすけ》を招き、紙は副指揮者に服部良一を指名した。服部は淡谷のり子の「別れのブルース」で一躍人気作曲家となっていた。

ここにタップダンスの中川三郎、OSSKの秋月恵美子、芦原千津子、小倉みね子、SKDの春野八重子、石上都、長門美千代、天草美登里らが加わったが、前宣伝の段階から、目玉は「大阪の歌姫」笠置シヅ子だった。

直前の雑誌の座談会で評論家の清水俊二も笠置に注目、「この前来たトーチ・シンガーも来るんでしょう」と期待を口にしている（『スタア』1938年5月上旬号より）。

初顔合わせを前に服部は、どんなプリマドンナが現れるかと期待していたが、その思いは見事に裏切られた。

「薬びんをぶらさげ、トラホーム病み

昭和初期の帝国劇場のステージ（国立国会図書館蔵）。

のように目をショボショボさせた小柄の女性がやってくる。裏町の子守女か出前持ちの女の子のようだ」（服部良一『僕の音楽人生』より）

しかし、夜の舞台稽古でシヅ子は豹変。軽快なジャズのリズムに乗って舞台袖から飛び出してきたシヅ子は、長い付けまつ毛とパッチリした瞳を輝かせた「歌姫」そのものだった。

そして服部の指揮棒が奏でるオーケストラに乗り、「オドッレ、踊ッれ」と掛け声を入れて激しく踊り歌った。服部はシヅ子の派手な動きとスイング感にすっかり魅せられた。

4月28日の旗揚げ公演で、シヅ子は「スイング・アルバム」の冒頭から30人のロケット・ガールズ（OSSKのラインダンスチーム）と交互に登場。前評判以上の人気を獲得した。

写真上／松竹楽劇団の春野八重子（左）、笠置シヅ子（中央）、石上都（右）（服部音楽出版提供）。
下／1938（昭和13）年、帝国劇場で松竹楽劇団を指揮する服部良一（服部音楽出版提供）。

服部の書き下ろし曲でスイングの女王に

　松竹楽劇団の舞台は歌、コント、コーラス、群舞、ソロダンス、タップダンス、ラインダンスなどで構成され、映画のアトラクションとして上演された。

　当時は外国曲か既存曲の編曲が使われるのが一般的だったが、服部はシヅ子のために次々とオリジナル曲を書き下ろし、「ラッパと娘」「センチメンタルダイナ」「ホット・チャイナ」「アイレ可愛や」などが世に出た。

「ラッパと娘」は「グリーン・シャドウ」の挿入歌で、服部自身が「村雨まさを」のペンネームで歌詞も書いた。

　アメリカ映画「芸術家とモデル」でルイ・アームストロングのトランペットに合わせてマーサ・レイが歌うシーンを下敷きにしたもので、トランペッター斎藤正義とシヅ子の息の合った掛け合いが最大の見せ場となった。また、軽快なリズムに乗って「バドジズデジドダー」「ダドジパジドドダー」といった歌詞をアドリブ的に歌うシヅ子のスキャットも聴衆には新鮮だった。

　1939（昭和14）年4月の「カレッジ・スキング」のステージを見た評論家の双葉十三郎は映画雑誌に「笠置シヅ子論」を発表、「天性のスウィング娘」と賞賛した。

「僕はここに、彼女が将来、より一層努力によって、現在のように他との比較ではなく、絶対的な意味において、『スウィングの女王』となることを、我が国ショー芸術の発展のために、望んでやまない」（『スタア』1939年6月上旬号より）

1933（昭和8）年の笠置シヅ子。
右は男役のトップスターとして
活躍したアーサー美鈴
（笠置シヅ子資料室提供）。

COLUMN

宝塚とともに少女歌劇をリードした東西の松竹歌劇団

宝塚少女歌劇の第1回公演は笠置シヅ子が生まれる直前の1914（大正3）年4月のこと。1919（大正8）年に宝塚音楽歌劇学校が設立され、阪急阪神東宝グループの創始者・小林一三が校長に就任、宝塚少女歌劇団が誕生した。

その人気に着目した大阪松竹社長・白井松次郎は1922（大正11）年4月、松竹楽劇部を創立、生徒養成所の第1期生の募集を開始した。翌年5月の大阪松竹座のオープンに照準を合わせたものだった。

1926（大正15）年、松竹楽劇部は看板演目となる「春のおどり」、翌1927（昭和2）年、宝塚歌劇団は日本最初のレビュー「モン・パリ」をそれぞれ初演し、この頃から両者は何かと比較されるようになっていく。

1928（昭和3）年、浅草松竹座で発足した東京松竹楽劇部は1932（昭和7）年に「松竹少女歌劇部」（SSK）に、大阪劇場に拠点を移した松竹楽劇部は1934（昭和9）年に「大阪松竹少女歌劇団」に、さらに1943（昭和18）年に「大阪松竹歌劇団」（OSK）と改称した。

シヅ子はこの間の1938（昭和13）年に上京し、男女混合の松竹楽劇団（SGD）に加わったが、わずか3年という短命で解散となった。

戦後はOSK日本歌劇団、SKD松竹歌劇団としてそれぞれ活動を再開して人気を博した。しかしSKDは1996（平成8）年に解散。OSKは解散・再結成されて今日に至る。

松竹楽劇部第1回公演。1923（大正12）年5月（国立国会図書館蔵）。

慈愛深い養母・うめの死

✦ 笠置シヅ子の言葉

わてらの職場は舞台です。戦場に在って家を捨て、親を忘れるのは武士のならいとかいいます。わてのお母はんも東京へ行ったら死ぬ気で戦ってこいといってはりましたから、死に目に逢いに行くより、舞台を守ってた方がよろこんでくれますやろう。

（『歌う自画像』より）

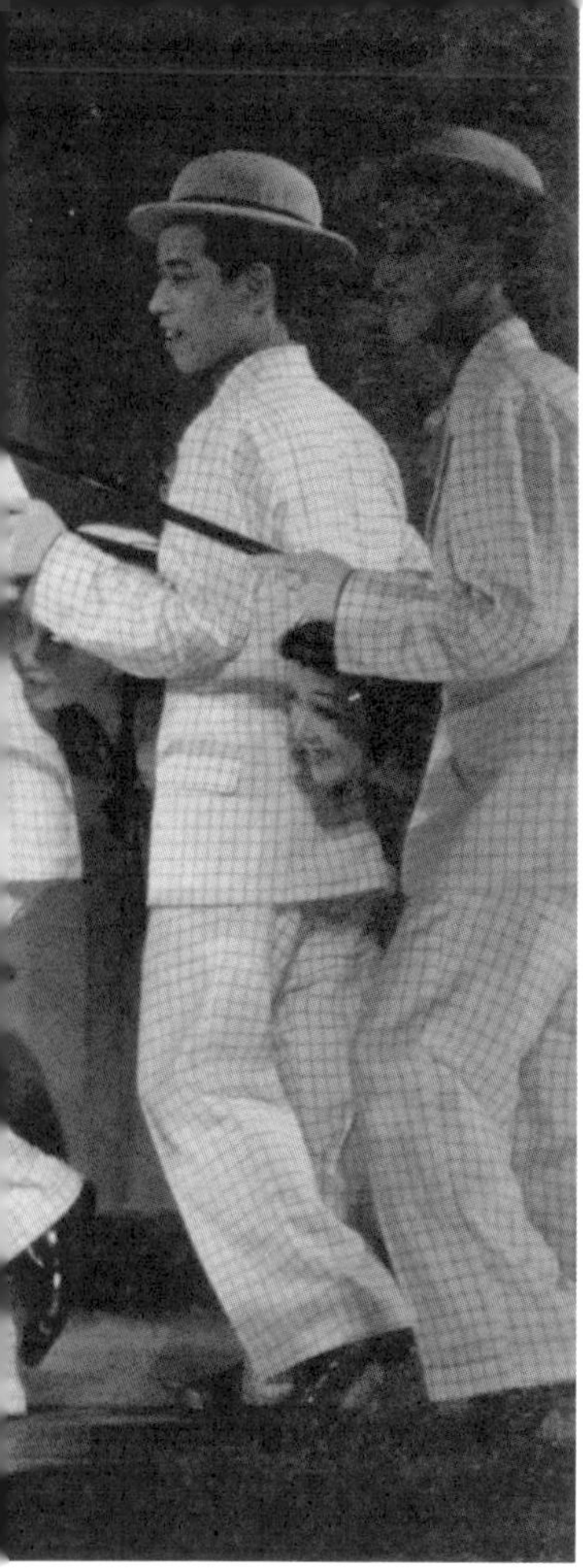

弟・八郎の徴兵で気力を失った両親

笠置シヅ子が松竹楽劇団にスカウトされて上京、目覚ましい活躍を見せる一方、大阪の亀井家に大きな変化が起

1938（昭和13）年9月、
松竹楽劇団の大阪初登場となる舞台「シネベランダ」の
笠置シヅ子（中央）。大阪劇場にて（提供　朝日新聞社）。

きていた。

音吉・うめ夫婦は銭湯を廃業し、シヅ子のたった一人の弟・八郎と天王寺（現・大阪市天王寺区）で散髪屋を始めた。

つまり、米や酒も扱う薪炭商から銭湯、さらに散髪屋に商売替えしたのである。音吉は道楽者で浪費家だったが、時勢に敏感で要領のよい一面があり、器用にバリカンを使っていた。

しかし日中戦争が始まると、たちまち暗雲が垂れこめた。シヅ子が松竹楽劇団にスカウトされて東京へ行く3カ月前、弟の八郎が徴兵されたのだ。

1938（昭和13）年1月8日、東条英機陸軍大臣が「戦陣訓」を発したその日、陸軍第一師団のある善通寺市（香川県）に向かう八郎はシヅ子の手を固く握り、本来自分が引き受けるべき亀井家と両親の後事を託した。あるいは生きて帰れないという予感があったのかもしれない。

八郎がいなくなると音吉とうめはすっかり気落ちし、散髪屋をたたんで城東練兵場の近く(現・大阪市中央区)に移り住んだ。そんな時、シヅ子に東京で新設される松竹楽劇団への移籍話が持ち込まれたのである。

すっかり気弱になった両親を大阪に残して行くのは忍びないが、男女混合レビューという新機軸の楽劇団は魅力的だった。

シヅ子は東京へ行けば出世も早まり、これまでより多額の仕送りができると音吉夫婦を説得したが、いつになくうめが渋い顔をした。頼みの息子を亡くした上に、少し前から体調を崩して足元がおぼつかなくなり、先行きに心細さを感じていたのだろう。

病のうめを大阪に残し新天地・東京へ

いよいよ明日は東京へ発つという晩、うめはシヅ子を道頓堀のまむし(鰻)屋へ誘い、珍しくうな丼を一人前たいらげた。ようやくシヅ子を手放す決心がついたのだった。

そして、「東京に行けばこれまでよりもっと厳しい競争が待っていることだろう。それでも家のことや病気の母親の心配などせず、芸一筋に打ち込むように」と言い聞かせた。それは娘の出世を生きて見届けたいと願う、うめの決意表明でもあった。うな丼をペロリと食べて見せたのも、娘を安心させたい一心だったのだろう。

うめの言葉を胸に刻んで大阪を後に

弟・八郎が入隊した陸軍第11師団のあった香川県善通寺市に残る同師団の兵器部倉庫。

したシヅ子は、同時期に松竹歌劇団に移籍した演出家・振付師の山口国敏の上ノ原（現・東京都中野区）の住まいに下宿させてもらうことになった。

200円の高給を手にしたシヅ子は、150円を音吉夫婦に仕送りし、食事込みの下宿代に20円を支払い、残りの30円でつましく暮らした。楽劇団の仲間と付き合うこともなく、若い娘らしいおしゃれもせず、毎日稽古場と下宿を往復した。楽劇団の中で孤立していったが、頼れる人のいない東京で生き抜く覚悟と、育ての親に報いたいという思いの方が強かった。

死に目に逢うより舞台その方が母は喜ぶ

うめの病気は胃がんで、心臓も弱っていたため、新町（現・大阪市西区）の日進会病院に入院した。そしてシヅ子が上京した翌年、1939（昭和14）年9月、恐れていた危篤の電報が届いた。

松竹楽劇団の幹部やスタッフはすぐにシヅ子を大阪に帰す算段を始めたが、本来の自分の役に加え、入院中の春野八重子の役まで引き受けていたシヅ子に代役は立てようがない。

「母は私が死に目に逢いに来るより、舞台で歌うことを望んでいる」

シヅ子は自分にそう言い聞かせ、音吉に電報を打った。

「大役がついているのでどうしても帰れない」

そして辛い胸の内を誰にも明かさず舞台に上がり続けたが、うめは9月11日に亡くなった。

シヅ子がようやく大阪へ戻ったのはうめの四十九日だった。ひとりぼっちになった音吉はすっかり憔悴していたが、やがてうめが亡くなった時のことをぽつりぽつりと語り出した。

うめは病床で「シヅ子に会いたい」と繰り返したが、電報を見せると何度もうなずいたという。

「あの子も東京でどうやらモノになったのやろ。わてはそれを土産にしてあの世へ行きまっけど、わてが死に目に逢うてない子を、生みの親の死に目にも逢わせとない。わてが死んだあと、決して母が二人あることを言うておくれやすな」（『歌う自画像より』）

うめはシヅ子が「養女」であるという真実をとっくに知っていたことに気づいていなかった。そしてシヅ子のたった一人の実の母として死ねることを最大の喜びとして、安らかに旅立った。

引き抜き事件とゴシップ

✦ 笠置シヅ子の言葉

帝劇時代は部屋が少ないので
服部先生は私の楽屋にいつも来ておられましたし、
何かのスタッフ会議で
「笠置君がやめるのなら僕もやめさせて貰う」と言ったことから、
私と服部先生の間が誤解されて、ゴシップの種となってしまいました。

（『歌う自画像』より）

ライバル東宝から移籍話を持ちかけられる

笠置シヅ子の名を世に知らしめた松竹楽劇団の総指揮者に就任した紙恭輔は、半年後に退団した。後任の服部良

1939（昭和13）年当時、東京宝塚劇場本社が入っていた日本劇場（提供　毎日新聞社）。

一はシヅ子のために「ラッパと娘」を書き、「ジャズの発声法は地声」という持論から地声で歌うことを求め、シヅ子は喉を潰しながらも応じた。

その努力がマキシン・サリヴァン、ベティ・ハットンら、洋楽の大スターに匹敵する歌姫が日本にも登場したという高い評価をもたらしたのである。

紙より先に松竹楽劇団を去った人物がいた。演出家の益田貞信である。

祖父は三井物産の創始者で、「鈍翁」の号で著名な茶人として知られた益田孝男爵。父の太郎は実業家員として活躍する一方、「太郎冠者」の名で劇作家、音楽家としても活動していた。太郎の5男の貞信はジャズ・ピアニストで、エンターテインメントの世界では「次郎冠者」と名乗ることもあった。

しかし、華族の御曹司として育ち、外

遊先で近代的な舞台芸術に触れた益田のモダンな感性は、大衆路線を歩む松竹の方針と合わなかった。そして東宝（当時は東京宝塚劇場）へ移った益田はシヅ子に移籍話を持ちかけた。短い間ではあったが、松竹楽劇団でシヅ子の稀有な才能を見出していたからである。

孝行心と淡い恋心から契約書に判を押す

益田から誘われたシヅ子が東宝の事務所に出向くと、松竹楽劇団より100円も多い300円の高給が提示された。大切に育ててくれた母・うめが闘病中で、両親への仕送りを増やしたいと思うシヅ子に断る理由はなく、目の前の契約書に判を押した。

生き馬の目を抜く芸能界。しかし、東京の興行界を二分するライバル会社の看板スターを引き抜く行為が問題にならないわけはない。たとえそれが両親へ仕送りするため、少しでも割の良い仕事に就きたいという孝行心からであってもだ。

これに先立つ1937（昭和12）年、林長二郎（後の長谷川一夫）が松竹から東宝に移籍、「忘恩の徒」と非難され、襲撃される事件が起きた。長谷川が東宝の舞台設備に魅力を感じ、長谷川の母が無断で契約書に押印したとも言われたが、そのほとぼりも冷めない1939（昭和14）年春、シヅ子の件が表沙汰となり、新聞の芸能欄や雑誌で取り上げられた。

そうした因縁もあり、松竹の幹部は激怒した。シヅ子は松竹創業者・大谷竹次郎の娘婿で松竹歌劇部長の大谷博に呼び出され、こっぴどく叱られた。そして大谷家が葉山に持っていた別荘で軟禁状態に置かれた。契約書を持つ東宝側にシヅ子を渡すわけにはいかなかったからである。

移籍話から生まれた恩師とのスキャンダル

窮地に陥ったシヅ子が頼れるのは恩師と慕う服部良一しかいなかった。藁にもすがる思いで白金（東京都港区）の自宅に電話をかけると、服部は事を荒立てないようにと注意を与え、何点かの譜面を葉山へ送ってくれた。

「君がいなくなったら、僕も作曲する対象がなくなって楽劇団にいる必要がなくなる。やめる時は一緒にやめるから、僕に任せておきたまえ」（『歌う自画

1938（昭和13）年、東京日日新聞社（毎日新聞の前身）が結成した芸術慰問団に参加した服部良一（中央奥）。写真は上海で大歓迎を受ける様子（服部音楽出版提供）。

像』より）。

服部がシヅ子にかけた言葉は本心だったに違いない。しかしこうした言動が誤解され、二人の仲は格好のゴシップネタとされた。その背景には帝劇での公演中、二人がシヅ子の楽屋で過ごす時間が多かったという事情もあった。しかし、それは音楽を通じた二人の絆の深さを示すにすぎない。

服部には音楽上の師として、教え子のシヅ子を守りたいという気持ちがあった。服部が目指すジャズを完成するためにも「笠置シヅ子」は欠かせない歌い手だ。

しかし、松竹のステージとショー、コロムビアのレコードで忙しい日々を送っていた服部は、東宝映画の音楽監督も引き受けることになり、東宝との関係をこじらせたくないという思いも抱いていた。

そんなジレンマと戦いながら奔走した服部の努力が実り、松竹と東宝との間で金銭的な解決が図られ、シヅ子は松竹に留まることで決着、7月にはコロムビアの専属歌手となった。

この年は近衛文麿内閣の総辞職から始まり、商工省は鉄製普及品の回収を開始、レビュー作品も次第に戦時色を帯びていく。

そんな世相の中で、シヅ子は服部の書いた「ラッパと娘」「センチメンタルダイナ」でレコードデビューを果たし、「スイングの女王」の称号を手に入れ、映画『弥次喜多 大陸道中』にも出演した。

その華々しい成功の影で、移籍問題とそれに伴うスキャンダル、養母・うめの死という辛い経験もすることになった。シヅ子にとってはまるでジェットコースターのような1年だった。

「笠置シヅ子とその楽団」結成

✦ 笠置シヅ子の言葉

独立については服部先生が一切面倒を見て下さって、バンド・マスターは先生の門下のトロンボーン中澤壽士さんで、マネージャーは（中略）中島信さんが引き受けてくれました。その口開けの興行が因縁深い四国の公演で、神戸から岸井明さんが特別出演して下さって「たばこ屋の娘」を掛け合いで歌いました。

（『歌う自画像』より）

戦時統制が強まる中で松竹楽劇団は解散

ドイツがポーランドに侵攻し、第2次世界大戦が始まったのは1939（昭和14）年9月のことである。日本では日中戦争の長期化と物資不足への懸念から国民精神総動員要綱が閣議決定され、遊興営業の時間短縮、ネオン全廃、パーマネントの禁止などが実施された。

笠置シヅ子の引き抜きを巡って東宝と松竹が激しく衝突、服部良一らの尽力で何とか決着を見た一方、シヅ子は母・うめを亡くした悲しみから立ち上がり、松竹楽劇団の舞台に立ち続けた。

しかし1940（昭和15）年2月、帝国劇場（帝劇）と松竹との賃貸契約が切れたため、帝劇は東宝の手に戻った。ところがその帝劇は同年9月、内閣情報部の庁舎として接収された。大衆芸能

大阪・北野座公演での古川緑波一座による「ロッパと兵隊」。小山田恭平軍曹役の古川ロッパ（左）と妻芳枝役の花井淳子（右）。1940（昭和15）年撮影（提供　朝日新聞社）。

の一大拠点が、公安維持のための情報統制や情報発信を行う牙城と化したのである。

マスコミ、芸能、芸術分野への統制が厳しさを増す中、帝劇を拠点としていた松竹楽劇団は、有楽町の邦楽座（丸の内松竹）を新たな拠点としつつ、浅草の国際劇場、渋谷松竹、横浜オデオン座など、松竹傘下の劇場を巡演した。

しかし、モダンで米国的な男女混合レビューへの逆風は強く、団員の減少や経営的な行き詰まり、先行きへの懸念もあって解散を決定。松竹楽劇団はわずか3年足らずの短命に終わった。

父を大阪から呼び寄せ自分の楽団を持つ

松竹楽劇団の最終公演は1941（昭和16）年正月の邦楽座。シヅ子は松竹歌劇部長の大谷博の勧めで前年暮れに退団し、独立の準備を進めていた。大谷には松竹楽劇団解散後のシヅ子を東宝から遠ざけ、松竹側に囲い込む意図があったのかもしれない。

26歳になっていたシヅ子は三軒茶屋（東京都世田谷区）に家を借りた。大阪で一人暮らしをしていた父・音吉を呼び寄せるためである。音吉は1月8日に上京、父娘の新生活が始まった。

「笠置シズ子とその楽団」の結成には服部良一の助力が大きく、バンド・マスターにトロンボーン奏者の中澤壽士を招いてくれた。テイチクのレコーディング・オーケストラで活躍していた中澤は後に日本のビッグバンド・ジャズの草分けとなった。

また、マネージャーの中島信は、同じく服部門下で「ブルースの女王」と称された淡谷のり子の紹介であった。

旗揚げ公演は四国で行われた。経緯や詳細は不明だが、劇団「笑の王国」を主宰していた岸井明を四国に招き、デュエットのヒット曲「たばこ屋の娘」を歌った。

帰京後すぐ、服部のプロデュースにより、シヅ子と淡谷のり子の「タンゴ・ジャズ合戦」が邦楽座で開かれた。これが東京における「笠置シズ子とその楽団」のお披露目公演となった。

古川ロッパ一座からも誘いの声がかかる

シヅ子が独立するにあたり、古川ロッパ一座からも声がかかった。

東京帝国大学総長を務めた加藤弘之

男爵を祖父に、医学博士の照磨を父に持つロッパ（本名・郁郎）は、生まれてすぐに縁戚の士族、帝国鉄道庁の技師・古川家の養子となった。

学生時代から「緑波」の名で映画雑誌に投稿し、卒業後は編集者となったが、その後、素人離れした声帯模写が評判となって喜劇役者に転身、1933（昭和8）年に軽演劇の劇団「笑の王国」を結成した。

丸顔にロイド眼鏡で太めの体型。おっとりした身動きで、生来の殿様的な貫禄を漂わせ、洒脱な語り口と朗々たる美声で人気者となり、1935（昭和10）年に東宝の専属となった。ロッパ自身は歌手や役者、さらに文筆活動も行い、東宝のドル箱と言われ、エノケンこと榎本健一と世間の人気を二分した。

1940（昭和15）年の有楽座の正月公演では芥川賞作家・火野葦平が原案を書いた「ロッパと兵隊」が大評判となった。舞台でサンマを焼き、戦地で正月を迎える兵隊たちの望郷をかき立てる、その匂いと煙の演出が観客の感涙を誘った。

ロッパはこの年の10月、大阪公演中に倒れ、舞台復帰は翌年正月。シヅ子に誘いをかけたのはこの前後と思われ、あるいはロッパと親しい服部を介して打診したのかもしれない。

もしシヅ子がロッパ一座に加わっていたら、いったいどんな人生を歩むことになったのだろう。

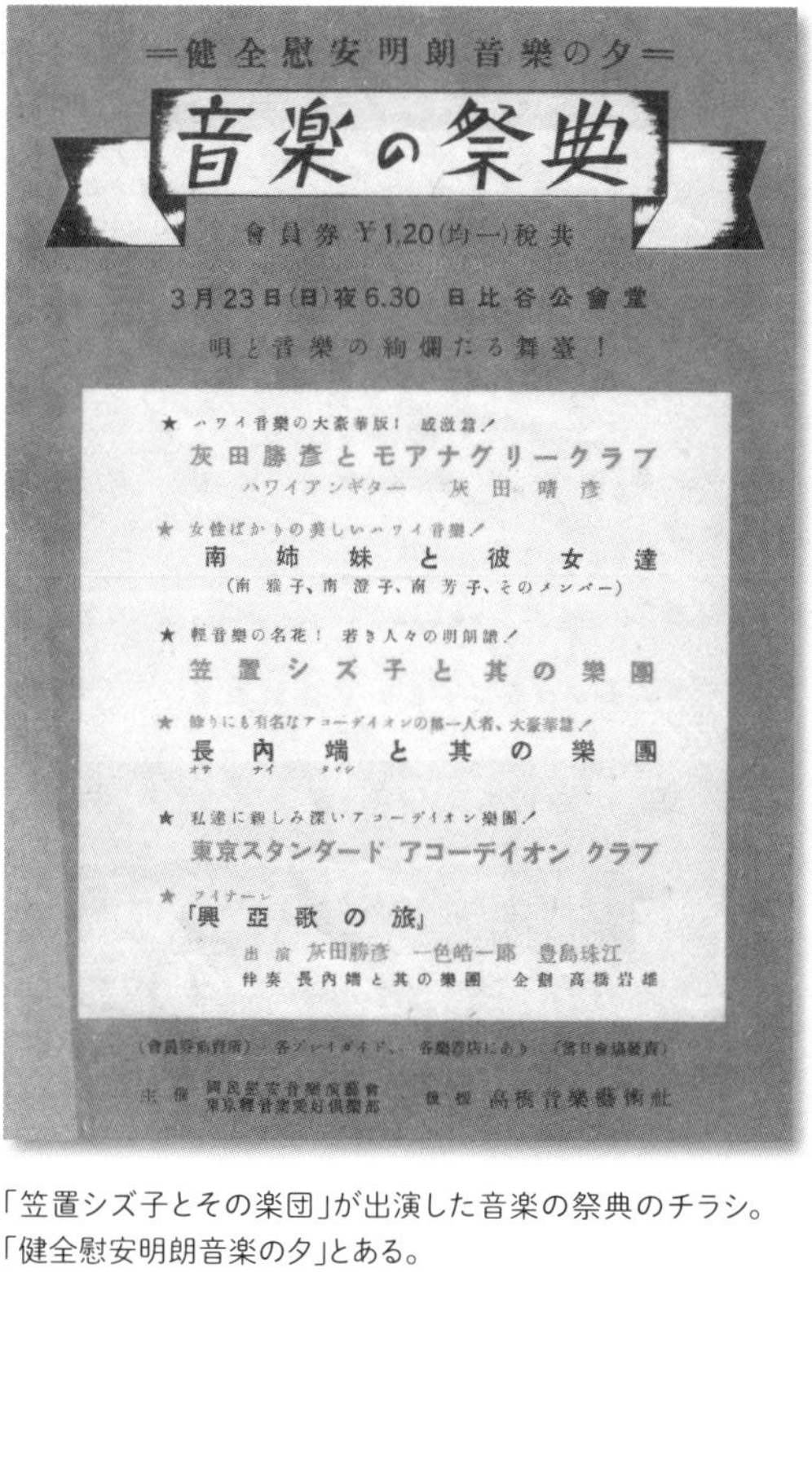

「笠置シズ子とその楽団」が出演した音楽の祭典のチラシ。
「健全慰安明朗音楽の夕」とある。

強まる戦時色にあえぐ興行界

✦ 笠置シヅ子の言葉

楽団を持って独立してからは収入も良くなり、父と二人暮しに事を欠かなくなりましたが、別の苦労が出て来ました。楽団の支払いに追いかけられて年中忙しい仕事を取らなければならないのと、私がこういう負けん気の気性もあって楽士とのモメゴトが絶えませんでした。これは誠に煩わしいことです。（『歌う自画像』より）

戦時下のさまざまな統制が興行界にも及ぶ

第2次世界大戦が拡大しつつあった1940（昭和15）年、日本では歴史・思

シヅ子がたびたび
呼び出された警視庁。

想史学者である津田左右吉の『神代史の研究』などが発禁処分となった。

春先には米・みそ・マッチ・砂糖などが切符制となり、年頭に成立したばかりの米内光政内閣は半年足らずで総辞職、第2次近衛文麿内閣は「大東亜新秩序、国防国家の建設方針」を明記した基本国策要綱を閣議決定した。

南進政策を進める日本軍は9月23日にフランス領インドシナへの進駐を開始、27日に日独伊三国同盟が結ばれた。「八紘一宇」「ぜいたくは敵だ」などのスローガンが声高に叫ばれ、戦意高揚が図られる中、11月10日の「皇紀二千六百年」ではさまざまな記念行事や記念事業が行われた。

祝典ムードの中で大政翼賛会が発会し、既存の政治団体はすべて解散させられた。自家用車は禁止。電灯やガス灯の使用は制限され、本や雑誌の紙質は低下。カフェやバー、花街の営業は夜11時までとなり、東京のダンスホールは10月31日で全面閉鎖され、最終日はどのホールも超満員となった。

　戦時体制強化の余波は芸能界、興行界にも容赦なく及んだ。３月には映画法が施行され、映画事業者は登録制となり、不敬に当たる芸名や外国風の芸名の変更が求められた。そのため、俳優の藤原鎌足は藤原鶏太、宝塚の園御幸は園みどり、歌手のディック・ミネは三根耕一（本名・三根徳一）、日劇ダンシング・チームは東宝舞踏隊と改めている。

敵性歌手として警察に呼び出される

　この頃、服部良一作曲の「湖畔の宿」（歌・高峰三枝子）、「蘇州夜曲」（歌・渡辺はま子）などが大ヒットした。軍国歌謡がまん延する中で、郷愁を誘うメロディーが銃後のみならず、前線の将兵の慰めとなったのだ。

　しかし１９４１（昭和16）年12月８日、太平洋戦争が勃発すると、政府は米英音楽の追放を発表した。

　１９４２（昭和17）年になると、軽音楽は「享楽的気分をもたらす」と明確に否定され、「時局下にふさわしい音楽」の演奏や歌唱が求められた。

　敵国の作品はそれがどんな名曲であっても、演奏しても聞いてもいけない。西洋音楽の演奏それ自体が、あるいは政府が求める音楽を演奏しないことが、政治的な権力への抵抗とみなされる。興行主側は自粛し、軍事物や時局物、日本物を上演することで対応した。

　こうした流れの中で、西洋の音楽を演奏する者は翼賛体制に同調する楽壇指導者らから「敵性音楽家」と呼ばれるようになっていく。大衆音楽の分野ではハワイ生まれの灰田勝彦、笠置シヅ子が敵性歌手として、たびたび警視庁へ呼び出されることになった。

　松竹楽劇団から独立したシヅ子は「笠置シズ子とその楽団」として芸能活動を続けていたが、敵性歌手のレッテルを貼られたことから、丸の内周辺では仕事ができなくなった。

　仕方なく工場慰問などに活路を見出そうとしたが、派手で都会的なシヅ子のレパートリーを歓迎する工場は少なく、細々と地方巡業を続けた。負けん気の強いシヅ子はたびたび楽団員とも衝突し、経営は次第に厳しくなっていった。

第3章

最愛の人との出会い、そして別れ

吉本穎右《エイスケ》との出会い

◆ 笠置シヅ子の言葉

私の人生に吉本エイスケさんが登場したのは大きな事件です。
エイスケさんは漫才王国といわれた吉本興業の女社長
吉本せいさんの一人息子で、正確な名前は頴右と言います。
非常にむずかしい名前で、漢字制限にもひッかかるので
近ごろではどなたも仮名でエイスケと
お書きになるようです。（『歌う自画像』より）

生涯を決定づけた穎右との出会い

その運命的な出会いは、ある日、何の前触れもなく突然やって来た。

1942（昭和17）年、前年6月のミッドウェー海戦を機に戦局は暗転、日本軍はガダルカナル島から撤退し、アッツ島では玉砕。そうした不都合な真実を隠したまま戦争は続けられ、銃後の人々は不毛な防空演習に駆り出されていた。

そんな中、笠置シヅ子は地方巡業や工場慰問の日々を過ごし、1943（昭和18）年6月21日から名古屋随一の繁華街だった大須（現・名古屋市中区）の太陽館に出演していた。そして舞台の合間の28日、新国劇の人気俳優・辰巳柳太郎が「宮本武蔵」に出演していた御園《みその》座《ざ》を訪ねた。辰巳とシヅ子は旧知の間

吉本興業の御曹司・吉本穎右がシヅ子と出会ったとき、
穎右は早稲田大学の学生だった。
写真の大隈講堂は1927（昭和2）年10月、
大隈重信像は1932（昭和7）年に完成した。

柄であった。

　楽屋には多くの女性ファンが詰めかけていた。背の高い一人の青年が女性たちに圧倒され、入るに入れない様子だった。「どうぞ、ご遠慮なく」と声を掛けようとしたシヅ子は、思わずその言葉を飲み込んだ。

　目の前にいるのは眉目秀麗、「貴公子」という言葉がふさわしい短髪の美青年だった。グレーの背広をシックに着こなした姿は、1940(昭和15)年にアカデミー賞主演男優賞を受賞した米国の名優、ジェームス・スチュワートを思わせた。

三度目の出会いで初めて言葉を交わす

　一目見ただけの青年がシヅ子の記憶に残った。

　すると翌日、シヅ子が宿泊していた愛生館で、名古屋宝塚劇場に出演中の岡穣二、櫻町公子らと話していると、昨日見た美青年が廊下を通り過ぎていった。シヅ子は驚いたが、太陽館の舞台の時間が迫っていたのでそのまま出かけた。

　一度目の舞台を終えたシヅ子が流しでうがいをしていると、吉本興行・名古屋主任の一田治がやって来た。しかもその背後に例の美青年が立っているではないか。

「笠置さん、実は今日、ぼんに頼まれて引き合わせに来ましたんや。ぼんはあんたのえらいファンだんね」

　一田はもじもじしている青年をシヅ子の目の前に押し出した。

「ぼんいうても見当がつきまへんやろうけど、このぼんはな、吉本のぼんぼんだんね。まだ早稲田の学生はんだすが、行く行くは吉本興業を背負って立つお方だっせ」(『歌う自画像』より)

　青年は控え目な口調で「吉本穎右《えいすけ》」と名乗った。シヅ子は大学生だという青年の若さに気づいて少し気が楽になった。大学は夏休みで、大阪に帰省する途中に名古屋に立ち寄り、吉本興業の定宿である愛生館に滞在していたという。これが、二人が言葉を交わした最初だった。

　シヅ子はこれが三度目の出会いだと思いながら、「明日で名古屋公演が終わり神戸の相生座に出るので、一緒に大阪へ向かおうか」と誘った。とっさに出た言葉だった。穎右は「和歌山に釣りに行く予定があるので、神戸に出演中に訪ねる」と言って帰っていった。

シヅ子が穎右に初めて会ったのが名古屋の御園座。1935（昭和10）年に完成した新劇場は第2次世界大戦中に空襲で焼失
（国立国会図書館蔵）。

名古屋から神戸まで初めての道連れの旅

吉本吉兵衛（通称＝泰三）・せい夫婦が大阪・天満の寄席（後の天満花月）経営から始めた吉本興行合名会社（現・吉本興業株式会社）は、今や興行界の一大勢力となっていた。

泰三が1924（大正13）年2月、37歳の若さで急死するわずか4カ月前に生まれたのが穎右であった。泰三亡き後のせいの経営手腕は山崎豊子の小説『花のれん』に鮮やかに描かれ、NHKの朝ドラ「わろてんか」のモデルにもなっている。

せい夫婦には2男6女があったが、男子で成人したのは穎右だけ。そのため、せいは弟の林正之助を大阪、弘高を東京の責任者として経営基盤を固め、ゆくゆくは穎右を後継者にするつもりだった。

太陽館の公演を終えたシヅ子が名古屋駅に行くと、名古屋花月劇場の支配人が待っていた。穎右はシヅ子を神戸まで送るため、自分の予定を変えて列車の席を取ってくれたのだ。

戦時陸運非常体制で列車の本数は減り、持ち込む荷物も制限されていた。大きなスーツケースを二つ抱えたシヅ子には何よりの手助けだった。

芸能界の事情に詳しい穎右との会話は楽しく、神戸までの旅はあっという間だった。シヅ子の神戸公演が早めに打ち切られて神戸での再会はかなわなかったが、7月末、穎右は呉の公演に出発するシヅ子のため、東京駅まで見送りに来てくれた。

敵性歌手として弾圧

◆ 笠置シヅ子の言葉

戦争になってから私は灰田勝彦さんとともに敵性歌手としていちばん手ひどく弾圧されました。警視庁へ呼びつけられると検閲係長の寺澤さんは物柔かな表現で切り出されるのですが、論旨を突き詰めて行くと（中略）何を歌っても私ではいけないことになるのです。これでは歌手をやめろといわれるのも同じことです。

（『歌う自画像』より）

音楽界を一元的に統制し士気高揚に利用

1942（昭和17）年3月、長谷川一夫・山田五十鈴の新演伎座旗揚げ公演が東京宝塚劇場で行われ、「お島千太郎」が上演された。しかし、夏を過ぎると「文化浄化」のために横文字の使用が禁止され、レコード会社の改称が相次いだ。

ポリドールは大東亜蓄音器、さらに大東亜航空工業へ、コロムビアは日蓄工業、キングは富士音盤、ビクターは日本音響となり、難を逃れたのはテイチク(帝蓄)のみである。

さらにレコードは「音盤」、ドレミファソラシドは「ハニホヘトイロハ」、ピアノは「洋琴」、バイオリンは「提琴」と改められ、ジャズは敵性音楽の最たるものとして目の仇にされた。少し前か

1943(昭和18)年、吉祥寺の自宅で取材を受ける服部良一
(服部音楽出版提供)。

らジャズ・コーラスに力を入れていた服部良一にとっても受難の時代が到来した。

1943(昭和18)年8月、音楽界を統制する日本音楽文化協会(音文)と、興行を取り締まる演奏家協会が統合された。楽曲や演奏会、演奏家の活動を一元的に統制し、音楽を国民教化や士気高揚に利用するためである。

音楽関係者はこの協会に入らなければ紙の配給を受けられず、楽譜を手に入れることもできなかった。

音文の副会長(会長は尾張徳川家19代当主・徳川義親)を務めた作曲家の山田耕筰は音楽挺身隊の隊長を務め、服部も地区長として巡回演奏や工場慰問を行った。音楽挺身隊を通じてお国に奉仕することは、徴用を免れることでもあった。

敵性歌手として歌い方まで規制

服部のレコードの仕事はほとんどなくなり、当局の意に染まずに廃棄処分された楽曲もあった。

「軟弱流行歌に鉄槌を下せ」とか、「ジャズは卑俗低調、退廃的、扇情的だから駆逐しなければならない」という乱暴な論調が堂々とまかり通り、1942(昭和17)年になると、「敵性音楽」「敵性歌手」という言葉がたびたび使われるようになった。そんなある日、シヅ子が服部を訪ねてきた。

「先生、わてな、警察へひっぱられましたんや」

服部はしょぼしょぼ顔でそう訴えるシヅ子に事情を聞くと、泣き出しそうになってこう答えた。

「付けまつ毛が長いゆうて、それ取らな、以後歌っちゃあかんと言いよりますのや」(服部良一『ぼくの音楽人生』より)

この時期、シヅ子の名前は平仮名表記の「しづ子」とされた。灰田勝彦やシヅ子は、動きが派手すぎることもとがめられた。ステージに白黒の線を引かれ、その範囲であまり動かずに歌うように指導された。灰田はハワイ生まれの2世である上に、堕落楽器(スティール・ギター)を用いていたため、特に目

服部良一が作曲した「アイレ可愛や」は、南方戦線のジャワやスマトラをテーマにした曲で、この当時のシヅ子の持ち歌だった。写真は、戦後発売された楽譜。

を付けられていた。

シヅ子を呼び出した寺澤検閲係長は大衆文化に理解があり、何かとアドバイスを与えてくれた。しかし戦後、寺澤はある新聞の座談会でこんなことを語っていた。

「あのときは国粋団体がうるさくて困った。どうにもジャズ撲滅の火の手を防ぎようがなくて、灰田と笠置をやめさせようと思っていた」

この記事を読んだシヅ子は後に「ぞっとした」と語っている。

戦時下で育まれたブギの萌芽

戦時統制下において、シヅ子のレパートリーは限られたものとなった。

「でもとうとうなんとか誤魔化して戦争中に私は軍歌二つしか歌っていません。一つは「真珠湾攻撃」で、もう一つは仏印の大空に散華した弟八郎の英霊に捧げた「大空の弟」です」(『歌う自画像』より)

「大空の弟」は太平洋戦争開戦直後、フランス領インドシナの空に散ったシヅ子の弟・八郎のために服部良一が作詞(ペンネームは村雨まさを)・作曲したものだが、歌詞や曲は伝わっていない。

服部も時流には逆らえず、不本意ながらも軍国色を帯びた楽曲を書き、その一方でシヅ子のために「アイレ可愛や」「ラサ・サヤ」「影絵之芝居」などを作曲あるいは編曲した。「敵性歌手」として活動の場を制限されたシヅ子が服部らに相談したからである。

このうち、シヅ子が慰問でよく歌った「アイレ可愛や」は1943(昭和18)年の秋、銀座全線座で開かれた新作発表会でお披露目された。淡谷のり子の「別れのブルース」の作詞者・藤浦洸が手がけた民話調の歌詞と、東洋趣味の旋律が南方の風景風俗を思わせ、シヅ子自身も「南方音楽」と理解していた。この発表会はそうした「南方物」の独唱会として話題になったが、「やはり笠置シヅ子が歌うとジャズ風になる」というのが大方の見方だった。

こうした中で服部は1942(昭和17)年3月に封切られた映画『音楽大進軍』で音楽を担当、古川ロッパが企画した戦地慰問の音楽バラエティ映画で、大谷冽子が歌った「荒城の月」にブギのリズムを取り入れた。この「荒城の月ブギ」が服部の手になるブギ第1号であったが、検閲でクラシック・アレンジに変更されてしまった。

穎右とのつかの間の生活

✦ 笠置シヅ子の言葉

私とエイスケさんとの生活で、後にも先にも同じ屋根の下に起居を共に出来たのはこの時以外にありません。と、いっても寄合世帯なので二人だけで落ちつくなんてことは到底望めず、垣を隔てて隣家にはエイスケさんの叔父さんの林常務がいられるし、（中略）少しも気が休まりませんでした。

（『歌う自画像』より）

年の差を超えて姉弟愛から相愛へ

吉本穎右と笠置シヅ子が名古屋で運命的な出会いを果たしたのは１９４３（昭和18）年６月。この時、穎右は19歳、

1944（昭和19）年10月、レイテ沖海戦で、
日本海軍は戦艦武蔵をはじめ、戦艦3、空母4、
巡洋艦10などが沈没、多大な損害を受けた。
史上最大の海戦とも呼ばれる。

シヅ子は28歳だった。

帰京するとすぐ、市ヶ谷富士見町の吉本家、世田谷三軒茶屋の笠置家を互いに往き来する付き合いが始まった。大阪から出てきた者同士、最初は姉と弟のような関係だった。

北野中学校（現・大阪府立北野高等学校）から早稲田大学に進んだ穎右は才気煥発で、吉本興業の後継者であるという自覚を強く持っていた。

生まれてすぐ父・泰三を亡くし、兄も夭逝したため、母のせいは穎右に盲愛を注いだ。穎右はどんなわがままも許される環境で育ったが、誰に何を頼まれてもいやな顔ひとつせず、できる限りの誠意を尽くし、行き届いた気配りを見せた。

長身の好青年という見た目と異なり、大学に入ったばかりの若者とは思えな

いほど大人びた一面もあった。まるで人に倍する苦労を重ねてきたかようだった。それは腫れ物に触るように育てられ、肉親の生々しい愛情に飢えていたからかもしれない。

一方、シヅ子が率いた「笠置シズ子とその楽団」は解散を余儀なくされた。マネージャーの中島がシヅ子に無断で楽団を売り渡してしまったからで、シヅ子はひとりで芸能活動を続けた。

9歳の年の差があり、穎右を弟扱いしていたシヅ子は、いつしか穎右を頼りにし、次第に深い愛情を感じるようになる。それは穎右も同じだった。何でも本音で言い合える関係が二人の心を近づけ、いつしか強く求め合うようになった。そして出会ってから1年半が経った1944(昭和19)年の暮れ、二人は結ばれた。

被災して疎開覚悟も 荻窪の仮住まいへ

サイパン島が陥落し、レイテ沖海戦で主要艦船を失った日本の劣勢は明らかだった。1944(昭和19)年の暮れになるとB29が頻繁に本土爆撃を繰り返すようになり、一日に何度も響き渡る空襲警報と恐怖心が穎右とシヅ子の情炎をあおった。

抜き差しならぬ関係になった穎右とシヅ子は、人目をはばかりながら市ヶ谷の穎右の家で逢瀬《おうせ》を重ねた。シヅ子の家には父の音吉が同居していたからである。

東京の大劇場は閉鎖され、シヅ子は近郊の小劇場に出演することが増えた。穎右は舞台用具を持って送迎し、かいがいしく身の回りの世話をしてくれた。

しかし、シヅ子が京都で公演中だった1945(昭和20)年5月25日の山手空襲で、市ヶ谷の吉本家も、世田谷の笠置家も焼失した。3月10日の大空襲に続く大規模なもので、皇居の一部も延焼した。

空襲の恐怖に居たたまれなくなった音吉は生まれ故郷の相生村(愛媛県東かがわ市)に帰ることになった。シヅ子も京都への疎開を考えるようになった。そんな時、穎右の母・せいの弟で、吉本興業常務と東京支社長を兼務する林弘高(後に吉本興業3代目社長)から助け船が出された。

荻窪の自宅の隣のフランス人の留守宅を借り上げ、焼け出された穎右や親戚、知人らを住まわせることにし、シヅ子にも声をかけてくれたのだ。こうし

吉本興業常務・林弘高の自宅があった荻窪は、1923（大正12）年の関東大震災後に移住者が増え、昭和初期には、高級官僚、軍人、大学教授、大企業の社員などが大きな屋敷を構えるようになった。写真は、政治家・近衛文麿の邸宅「荻外荘（てきがいそう）」。荻窪を代表するお屋敷である。

て穎右は母屋の2階で、シヅ子は新東宝のプロデューサー・杉原貞雄一家とともに、別棟の茶室で暮らすことになった。

戦火の中の仮住まいながら、穎右と同じ屋根の下で起居をともにする日々が実現した。

周囲の目を気にしながらかりそめの同居生活

同じ屋根の下と言っても、隣家の主は穎右の叔父・弘高であり、同居者の中には弘高の妻の家族もいた。

そんな衆人環視の環境の中で愛情を確かめ合うことは簡単ではなかったが、その分、刺激的でもあった。寄り合い世帯で常に周りの目があるため、穎右とシヅ子は目線で会話を重ね、それは至福の時間でもあった。

舞台の仕事がほとんどなくなったシヅ子は穎右の部屋の掃除をしたり、肌着の洗濯をしたり、新婚の妻のように穎右の世話をすることができた。シヅ子はその嬉しさを「私は非常にわがまな女なのですが、ひとたび身心を捧げる立場になれば、日本女性の御多聞に洩れず、ヌカ味噌くさい世話女房になる型なのです」と記している（『歌う自画像』より）。

荻窪で暮らし始めてから2カ月余りで終戦となった。とはいえ、焼け野原となった東京ですぐに新たな住まいを探すのは難しい。そのため、2人の同居はこの年いっぱい続いた。

わずか半年足らずの「荻窪時代」が、シヅ子にとってはかけがえのない「ロマンス・アルバム」となった。

それぞれの終戦と戦後の始まり

✦ 笠置シヅ子の言葉

終戦の年が明けて。昭和二十一（一九四六）年の正月興行に東都花月劇場に出演し、十一日からは大阪千日前の常盤座に出て二十一日に帰京しましたが、この日から西荻窪の服部良一先生の二階に置いていただきました。

（『歌う自画像』より）

日劇のショーから始まった笠置シヅ子の戦後

笠置シヅ子が荻窪の仮住まいで暮らし始めて2カ月余り、細々と舞台公演を続けていたシヅ子は、富山の高岡を巡業中に敗戦を知った。1945（昭和20）年8月15日、多くの犠牲者を生んだ悲惨な戦争がようやく終わった。そして同月30日、連合軍最高司令官のダグラス・マッカーサーが進駐、これまで誰も経験したことのない占領下での生活が始まった。

東京宝塚劇場はGHQ（連合国軍最高司令官総司令部）に接収され「アーニー・パイル劇場」と改称されたが、日本劇場（日劇）では早くも同年11月20日から、再開第1回公演と銘打った「ハイライト・ショー」が開催された。

シヅ子は、灰田勝彦、轟由起子、岸井

満州映画の大スターだった李香蘭。
服部良一がジャズのリズムに
編曲した「夜来香幻想曲」を歌った
（写真：Universal Images Group/アフロ）。

明らとともに出演し、ここからシヅ子の戦後が始まった。

日本の非軍事化・民主化を進めるGHQの占領政策が本格化するのはもう少し先のことであり、人々は娯楽に飢えていた。物資も食料も、何もかもが不足する中での興業再開に、庶民のたくましさが垣間見える。

終戦後も頴右とシヅ子の恋は周囲に伏せられたままだった。いつまでも隠しおおせるものではないが、この難しい状況でシヅ子が頼れるのは服部良一しかいない。

しかし、服部は1944(昭和19)年6月に、陸軍報道班員として中国本土に渡ったままだった。

上海陸軍報道部に配属された服部の任務は、音楽を通じた文化工作だった。幸い担当将校はヨーロッパへの留学経験もあるテノール歌手の中川牧三中尉で、「軍属としてではなく、音楽家として、自由に外国人と付き合っていただきたい」という指示を受けた。

上海の報道部には作家の高見順、画家の高野三三男、作詞家の佐伯孝夫などが軍属として滞在しており、戦地慰問で人気のあった歌手の渡辺はま子、宝塚歌劇団員から歌手に転向した服部の妹の富子もいた。

服部が上海で生み出したブギウギのリズム

服部はさっそく共同租界の上海競馬場前にある大光明戲院で大音楽会を開き、高い評価を得た。次の企画は李香蘭(本名：山口淑子)と上海交響楽団の共演と決まった。国策上、中国の名家の出身とされた彼女は満洲映画協会(満映)の大スターでアジアの歌姫として絶大な人気を誇っていた。

服部は上海で流行《はや》っていた「夜来香」をシンフォニック・ジャズに編曲した「夜来香幻想曲」を書いた。作詞(原詞)・作曲が上海の音楽家・黎錦光で、中国人に受け入れられやすいという思惑もあった。

服部は「夜来香幻想曲」にブギのリズムを使った。すると李香蘭は練習の時、しきりに首をかしげたという。

「先生、このリズム、なんだか歌いにくいわ。お尻がむずむずしてきて、じっと立ったままでは歌えません」

服部は内心で会心の笑みをもらした。

「今は戦争中で、敵国アメリカの新リズムとは言えない。しかし、いつかは日本でも使える日がくるだろう。じっ

と立ってではなく、思いきりステージを踊りまわってブギを歌える日がくるだろう」(服部良一『ぼくの音楽人生』より)

6月23日から開かれた李香蘭の演唱会は人々の記憶に残るものとなった。

服部が帰国し シヅ子を自宅の2階に

敗色が濃くなる中、文化工作に携わる服部たちは死を覚悟したが、服部は上海の陸軍報道部で「終戦の詔勅」を聞いた。一夜にして日中の立場は逆転し、服部たちは敗戦国のみじめさを思い知ったが、上海の音楽界は驚くほど寛容だった。

「戦争がすめば音楽家同士は国境がないのだ。さあ、仲よくやりましょう」

そう言いながら一升瓶を持って訪れる作曲家もいて、服部はその言葉に頭が下がる思いだった。

その後、日本人は租界内に集められ、収容所に抑留された。戦犯容疑で連行される軍人や軍属も多かったが、服部は1945(昭和20)年12月初旬、上海からの最初の引き揚げ船で鹿児島の加治木港に着いた。

服部は懐かしい顔ぶれと再会したい気持ちを抑えて吉祥寺の自宅へ直行し、家族の無事を確かめた。

服部は翌日、日劇を訪れてシヅ子らと再会、互いの無事を喜び合った。そしてシヅ子から相談を受け、年明けからシヅ子を自宅の2階に住まわせることになった。

東京・吉祥寺の自宅の2階に立つ服部良一。
シヅ子はここに同居させてもらうことになる(服部音楽出版提供)。

穎右病没後にヱイ子が誕生

✦ 笠置シヅ子の言葉

このエイスケさんのやさしい心、行き届いた気くばり……
どうせ助からぬ生命にしても、ここ四、五日に迫っている
わが子の誕生を何故ひと眼見て行かれなかったのだろう。
神も仏もないとは、このことだろうと
私は悲しし涙がくやし涙に変ってゆくのを意識した。

（『歌う自画像』より）

穎右は大学を中退
東京吉本に入社

1946（昭和21）年1月、シヅ子は吉祥寺の服部良一宅に移り住んだ。穎右の縁戚の目がある荻窪の家にいつまでもいるわけにはいかなかったからだ。

ところが服部はシヅ子の食事から送り迎えまで気を使い、家族全員が同じように親切に接してくれた。3月には服部が音楽を担当した有楽座の「舞台は踊る」「リリオム」に出演し、人気俳優・榎本健一（エノケン）との初共演が実現した。しかし甘えられない性格のシヅ子はこれ以上、服部家の世話にはなれないと考え、美容室で知り合った荘村正榮の家（東京都大田区）の2階に間借りすることになった。

この頃、穎右は大学を中退し、叔父の林弘高が社長に就いた「吉本株式会

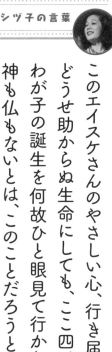

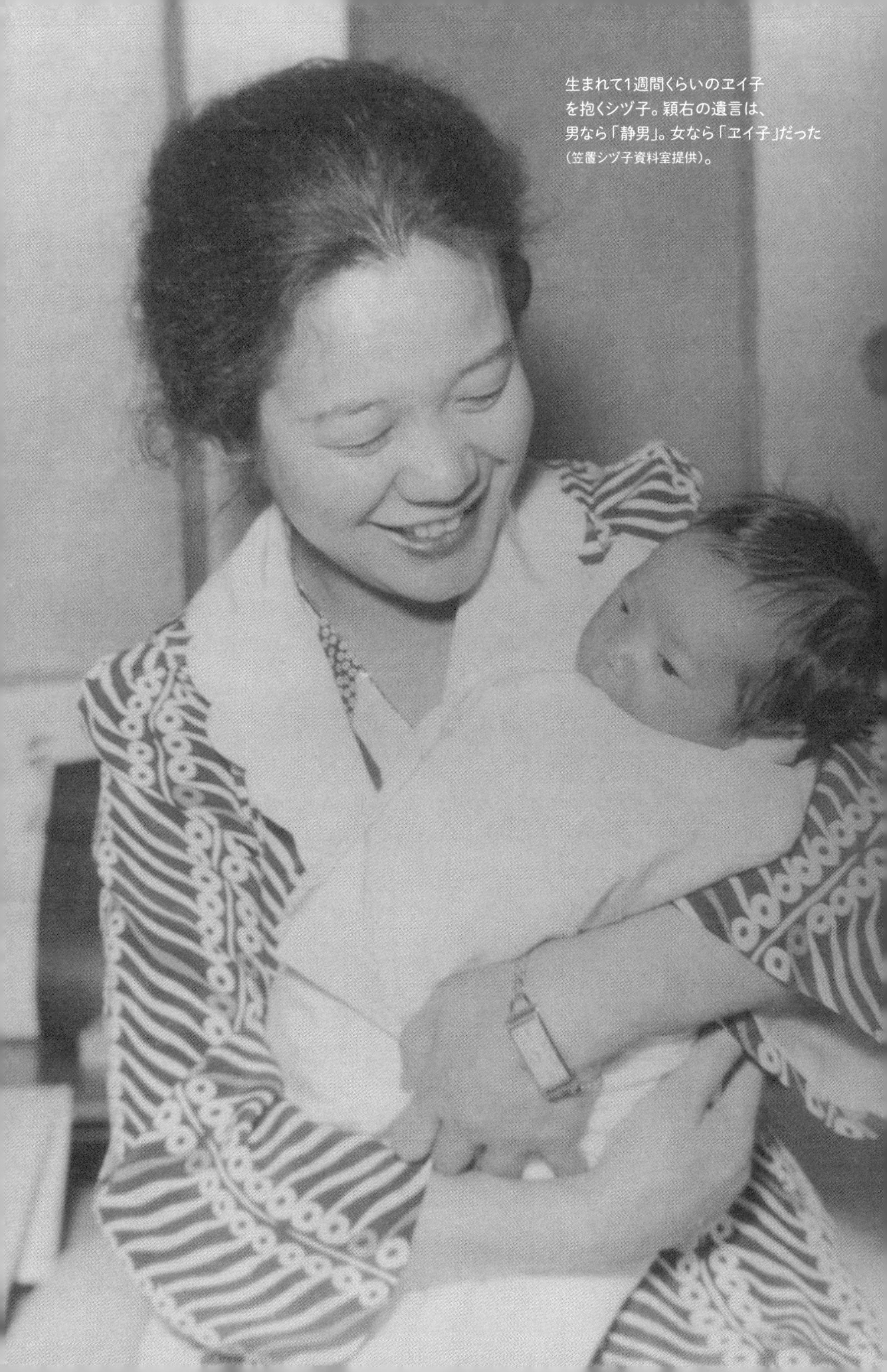

生まれて1週間くらいのヱイ子を抱くシヅ子。穎右の遺言は、男なら「静男」。女なら「ヱイ子」だった（笠置シヅ子資料室提供）。

社」（東京吉本）に入社していた。後継者を目指す覚悟に加え、母や周囲にシヅ子との結婚を認めてもらうためでもあった。そしてコロムビアで「アイレ可愛や」などをプロデュースした山内義富をシヅ子のマネージャーに付けてくれた。

ところが大阪の吉本が、穎右の帰阪を促すようになった。せいが持病の肺病を悪化させ、東京で激務に励む穎右の健康への心配を募らせたからだ。それにシヅ子との仲を知らせる者もいて、これ以上、東京に置いておくわけにはいかなかった。

シヅ子も穎右に帰阪を勧めた。穎右にはできる限りの親孝行をしてほしかった。穎右は5月半ば、大阪へ帰る決心を固めた。大阪に戻ることは、先延ばしになっていたシヅ子との結婚を正式に認めてもらうためでもあり、穎右は一日も早い解決をシヅ子と山内に約束した。

穎右が大阪へ戻った後に妊娠が発覚

いよいよ帰阪が決まった穎右はシヅ子と琵琶湖を訪れて一夜を過ごし、翌朝、大津駅で右と左に別れた。そして秋が深まったころ、シヅ子は妊娠を知った。

昭和23（1948）年1月29日、服部良一の意欲作「ジャズカルメン」が初日を迎えた。名作オペラのジャズ・ミュージカル化で、主役のカルメンを演じたシヅ子はこの舞台を最後に引退する決意で、それは穎右の望みでもあった。

シヅ子は世田谷の松陰神社近くに家を借り、親子で暮らす準備を始めたが、穎右の体調悪化の知らせが届いた。穎右の病状は悪化の一途をたどり、同年5月19日、吉本邸で永眠した。シヅ子は言葉にできない心痛の中、6月1日に元気な女児を出産、穎右の遺言によって「ヱイ子」と名付けた。

シヅ子が主役を演じた「ジャズカルメン」のパンフレット。

第4章

大ヒット曲誕生

「東京ブギウギ」が大ヒット

✦ 笠置シヅ子の言葉

そこへ發表されたのが、服部良一先生の「東京ブギウギ」でした。いやな悪夢から解放されて、わたしは「東京ブギウギ、リズムうきうき、心ずきずきわくわく…」と久しぶりに自分の故郷に帰ったような気持ちで聲を張りあげて歌いました。

（笠置シヅ子「ブギウギとわたし」『丸』1949年10月号より）

「センセ、たのんまっせ」苦境をふっとばす明るい楽曲

敗戦国・日本の国民を最初に勇気づけたのは、並木路子の「リンゴの唄」。そして菊池章子の「星の流れに」がそれに続いた。

音楽活動を再開した服部良一も、二葉あき子・近江俊郎の「黒いパイプ」、藤山一郎の「銀座セレナーデ」、霧島昇の「胸の振り子」などのヒット曲を連発。1947（昭和22）年2月には日劇で笠置シヅ子主演の「ジャズカルメン」を手がけ、「文化復興の気勢を示した」と高く評価された。

この公演中、「カルメン妊娠す」という記事が出た。主役のカルメンを演じた笠置シヅ子が妊娠していること、お腹の子の父が吉本興行の御曹司で、正

笠置シヅ子の「東京ブギウギ」の
歌と踊りが日本中を元気にした
（笠置シヅ子資料室提供）。

式な結婚が難航しているという事情が世間の知るところとなったのである。

しかし、穎右は急死してしまった。自分を我が子のように育て、歌手への道を拓いてくれた養母うめに続き、またもかけがえのない人の臨終に立ち会えなかった。その二重の悲しみがシヅ子の心痛を深くしたが、いつまでも泣いてはいられない。

シヅ子は失意の底からはい上がり、芸能界で仕事を続ける決心を固めた。

「センセ、たのんまっせ」

シヅ子にそう言われた服部は、シヅ子の苦境をふっとばす、華やかな再起の場を作ろうと考えた。

「それは、敗戦の悲嘆に沈むわれわれ日本人の明日への力強い活力につながるかも知れない」(服部良一『ぼくの音楽人生』より)

進駐軍の士官らを熱狂させたシヅ子の声とブギのリズム

服部とブギとの出会いは1942(昭和17)年頃、偶然ブギウギ(ジャズ)の楽譜を手に入れたことにさかのぼる。ジャズ禁止の時代ではあったが、1943(昭和18)年の「荒城の月ブギ」(歌・大谷冽子)で、初めてブギのリズムを取り入れた。上海で李香蘭の「夜来香幻想曲」を成功させ、シヅ子の「ジャズ・カルメン」の楽曲でもブギのエイトビートを響かせていた。

服部は「いつ、ブギのリズムで流行歌を作ろうか」と考えていた。そんな中でシヅ子から再起の曲の依頼を受けたのだ。

ある日、レコーディングを終えた服部が国鉄中央線の振動に身を委ねているうちに自然とメロディーが浮かんできた。服部は西荻窪駅で飛び降り、駅前の喫茶店「こけし屋」のナプキンに楽譜を書き付けた。忘れないうちにメモしておきたかったからだ。

歌詞はジャーナリストの鈴木勝の原案を手直しし、1947(昭和22)年9月10日、「東京ブギウギ」のレコーディングが行われた。

内幸町にあったコロムビアの録音所は、隣の政友会ビルの米軍クラブや付近の宿舎から駆けつけた進駐軍の士官らでいっぱいになった。通訳もしていた鈴木が声をかけたからだが、追い出すわけにもいかない。服部はそのまま録音を決行した。

シヅ子の咆哮のような歌声、ビート

を効かせたオーケストラ、それを米軍士官らが盛り立て、服部が思っていた以上の最高のライブ録音となった。

録音終了と同時にはじけたのは米軍の士官たちだった。服部は「東京ブギウギ」がアメリカ人に受け入れられたことに大きな満足を感じていた。

東京ブギウギが大ヒット シヅ子はブギの女王に

「東京ブギウギ」はレコード発売前からシヅ子が出演する舞台や東宝映画『春の饗宴』の劇中歌として歌われ、翌年3月の日劇公演「東京ブギウギ」で爆発的ヒットとなった。

服部はシヅ子にこう指示した。

「とにかくブギは、からだを揺らせてジグザクに動いて踊りながら歌うんだ。踊るんだ。踊りながら歌うんだ」

シヅ子は言われるまでもなく、ステージ狭しと歌い踊った。

「知らない間に手を振り腰を振って調子づいてしまうのです。みんな自然に出てくるヂェスチュアなのです。リズムの躍動なのです」(「ブギウギと私」1949年『丸』10月号より)

「東京ブギウギ」は敗戦から立ち直ろうとする日本の活力の象徴として受け入れられた。それは平和を謳歌する心の叫びでもあった。戦時下で不遇の時代を過ごしたシヅ子は、いつしか「ブギの女王」と呼ばれるようになった。

「東京ブギウギ」は占領中の米兵にも人気があった。
写真は進駐軍のP.X.となった東京・銀座の服部時計店の前で
(笠置シヅ子資料室提供)。

穎右の母・吉本せいと面会

✦ 笠置シヅ子の言葉

御寮さんは、みずからヱイ子をお湯に入れて下すって
新しい着物まで着せて下さいました。
お年寄りだけの家に
赤ちゃん用の天花粉さえ用意してあります。
私はジーンと眼がしらが熱くなりました。

（『歌う自画像』より）

まだ見ぬわが子に注ぐ 穎右の深い愛情

話はヱイ子の誕生前に戻る。

シヅ子は日本国憲法が施行された直後の1947（昭和22）年5月19日、東京・芝の桜井医院（自宅兼医院）に入院した。出産予定日はとうに過ぎていたが、まさにその日、穎右は生死の境をさまよった末に息絶えたのだった。

穎右の訃報は翌日、穎右がシヅ子に付けてくれたマネージャーの山内義富から明かされた。シヅ子はお腹の子までが卒倒しかねないほどの衝撃を受け、われを忘れて号泣した。

「出産が遅れているのは穎右さんの霊が、生まれ変わってあなたのお腹に宿るためだろう」

シヅ子は山内の言葉で何とか自分を取り戻した。そしていったん退院し、

畳敷きの楽屋から
ステージへと急ぐ笠置シヅ子
（笠置シヅ子資料室提供）。

吉本興業の社長で、穎右の母・
吉本せい（提供　毎日新聞社）。

親子で暮らすために準備した世田谷の家で、吉本興行営業部長・前田栄一の訪問を受けた。前田は穎右の臨終の様子をこと細かに話し、穎右が残した預金通帳と印鑑をシヅ子に手渡した。

　穎右は母・せいに逆縁の不幸を繰り返し詫びたが、シヅ子のことは何も話さなかった。母の気持ちを思いやってのことだった。

　そして「他のことはすべて前田にまかしてあるよって、よろしうお願いします」と言って、息を引き取った。

ヱイ子誕生から3カ月 穎右の母に面会

　シヅ子はその後再入院し、6月1日未明、穎右がかつて身に付けた浴衣と丹前を抱きしめ、3150gの元気な女児を産んだ。「ヱイ子」の名は、前田の伝えた穎右の遺言による。

　6月5日には穎右の叔父・林弘高（東京吉本社長）が祝いの品を持って訪れた。弘高は吉本本家、すなわち穎右の母・せいからの祝い金も持参し、ヱイ子を引き取ってもよいと言った。

　女手ひとつで乳飲み子を育てることは、口で言うほど簡単ではない。何かあれば共倒れにもなりかねない。

　しかし、ヱイ子の寝顔を見ていると、とても手放す気にはなれなかった。シヅ子は弘高に自分で育てる決意を伝え、「万が一の時には叔父として助けてくれるように」と依頼した。

　同年9月、シヅ子は大阪・梅田劇場で「東京ブギウギ」を初めて舞台で披露した後、ヱイ子と西宮市の吉本家を訪れた。甲子園球場の近くである。

　せいは写真で見るよりやせていたが、シヅ子に丁寧に頭を下げた。そして病み衰えた身体でヱイ子を湯に入れ、真新しい着物を着せてくれた。

　親の意に染まぬ恋とはいえ、目の前にいるのは最愛の一人息子の忘れ形見である。無垢な赤子をその手に抱いたせいは、息子の最後の恋を心から許せる気になったことだろう。

「エイスケがこの世に残して行ったいちばん大きな置き土産だすよって、大事にしてやっとくなはれ」（『歌う自画

1950（昭和25）年、吉本せいの告別式で
2歳のヱイ子と焼香する笠置シヅ子
（提供　朝日新聞社）。

像』より）

せいの言葉を聞いたシヅ子は、悲しみや苦しみが総身から抜けていくような気がした。せいはシヅ子と同じ年頃で夫を亡くした自分を、目の前のシヅ子に重ねていたのかもしれない。

穎右が亡くなってから3年後、せいは息子に先立たれた無念の中で60歳の生涯を閉じた。これ以後、吉本興業の実権は吉本家からせいの実家の林家に移り、笑いの王国を築いた。

乳飲み子を抱えた「ブギの女王」は未婚の母

誰にとっても穎右の死はあまりに突然だった。そのせいでヱイ子の存在が宙に浮いてしまった。吉本家も、林家も、ヱイ子を迎え入れたい気持ちはあったが、認知すべき父親が亡くなったため、入籍は難しかった。だからといって民事裁判に持ち込めば、マスコミの餌食になる。シヅ子は入籍にはこだわらず、一人でヱイ子を育てることに決め、未婚の母となった。子育てに、舞台に、目の回るような多忙な日々が始まった。

ステージの合間に楽屋へ走り戻り、ヱイ子をあやし、時には乳房をふくませ、また慌ただしく舞台へ駆け戻る。舞台に通う玉川電車の中で授乳することもよくあった。

幸いヱイ子は病気もせずにすくすく育ち、穎右の一周忌に吉本家の墓地に参ったシヅ子は深い祈りを捧げた。

失意のどん底にあった1年前、一寸先は闇だった。ところが「東京ブギウギ」が大ヒットし、活躍の場は広がった。すべては穎右が天国からシヅ子とヱイ子を見守ってくれているからだと思えた。墓前でそう伝えると、懐かしい穎右の声が聞こえた気がした。

シヅ子が服部作曲の「ヘイヘイブギ」を口ずさむと、1歳になったヱイ子はモミジのような手を振って踊り出すようになった。シヅ子はそんなヱイ子が本当に愛おしかった。

心優しきブギの女王

笠置シヅ子の言葉

最も笠置シヅ子に声援を送っていたのは、有楽町や上野界隈の夜の天使たちであった。悲しい、しいたげられた境遇をもつ彼女たちは、苦しさを顔にあらわさず舞台で明るく力強く歌い踊る笠置シヅ子に自分たちの希望を投影していたのである。

（服部良一『ぼくの音楽人生』より）

ブギの女王は夜の女たちの生きる希望

東京をテーマにした歌のあれこれを綴った『東京のうた　その心を求めて』（1968年、朝日新聞社）は「東京ブギ

「ジャングルブギ」を歌う笠置シヅ子。踊りの躍動感が伝わる（笠置シヅ子資料室提供）。

ウギ」について、「ヤミ市のにおいがする」と指摘、笠置シヅ子が「野獣のように叫びながら、舞台せましとうたい、踊りまわるバイタリティーがすきっ腹の国民の横っ面をビンとひっぱたいた」と大ヒットの背景を描写している。

当時、婚約者に死なれたシヅ子は乳飲み子のヱイ子を抱えて舞台に復帰、一曲歌い終わるたびに楽屋でおっぱいを飲ませ、また舞台へ。歌って躍る姿だけでなく、その生きざまや人柄までが当時のマスコミを通じて広まった。

それが政界、財界、学界の人たちに愛され、ラクチョウ（有楽町）やハマ（横浜）の夜の女たちからも慕われた。彼女たちは苦しさを押し殺し、毅然として舞台に上がり続けるシヅ子に、自らの生きる希望を見出そうとしていたのかもしれない。

シヅ子を最も身近で見守った作曲家の服部良一は、「日劇のステージのかぶりつきに、花束を持ち、目を輝かせた彼女たちの姿をみない日はなかった」と記している(服部良一『ぼくの音楽人生』より)。

シヅ子と「夜の女たち」の交遊は通り一遍のものではなく、厚生施設再建の相談に乗るなど深く長く続いた。厚生施設の設立準備委員会で委員長を務めた「ラクチョウのお米姐さん」こと佐藤米子さんが後年、肺結核で危篤と知ったシヅ子は病床に駆けつけて励まし続けた。

映画「酔いどれ天使」で「ジャングル・ブギー」を歌う

「東京ブギウギ」の大ヒットを機に、ブギウギブームが湧き起こった。ブームの立て役者である服部良一自身も30曲近いブギウギを書き、「大阪ブギウギ」「名古屋ブギウギ」などのご当地ブギも多く生まれた。

さて、数あるブギの中で特筆すべきは、映画監督の黒澤明が自ら作詞し、服部良一が作曲、笠置シヅ子が歌った「ジャングル・ブギー」かもしれない。戦後の闇市を舞台に、反骨の酔いどれ貧乏医師を志村喬、若いやくざを三船敏郎が演じた東宝映画「酔いどれ天使」の挿入歌である。

若き三船敏郎を世に知らしめた作品としても知られるが、シヅ子はこの映画に「ブギを歌う女」として出演し、酒場のダンスシーンで歌い踊った。実は、当初の黒沢の原詩はかなり強烈なものだった。

「月の赤い夜にジャングルで、腰の抜けるような恋をした」
「月の青い夜にジャングルで、骨のうずくような恋をした」

さすがのシヅ子も「えげつない歌、歌わしよるなぁ」と溜め息をついた。

苦慮した服部と黒澤は、「骨のとけるような恋をした」「胸がさけるほど泣いてみた」と書き換えてレコーディングを行った。

父のため故郷のために引田町で凱旋公演

「東京ブギウギ」のヒットはシヅ子を生まれ故郷に引き戻すきっかけにもなった。1949(昭和24)年、空襲を避けて帰郷していた養父・音吉の存在がきっかけで、シヅ子の凱旋公演が企画されたのだ。

引田町の有志が中心になって行う素人公演だったが、シヅ子はおそらく音吉を介した依頼を快諾し、多忙なスケジュールを調整したと思われる。

シヅ子は4月11日・12日に高松東宝で興行して14日を移動日に充て、15日に引田で昼夜2回の凱旋公演を行った。そして23日・24日は再び高松でアンコール公演に登場した。

実は引田町は香川県内の東の端で、徳島県との境にあり、歌手やバンドを伴っての高松からの移動は容易ではない。その苦労をいとわず、故郷のために足を運んだのだ。

人気絶頂の「ブギの女王」を一目見ようと、引田の旭座には近隣から多くの観客が詰めかけた。それまでの最高入場人員が700人だった旭座に、昼夜2回の合計とはいえ、2500名が足を運んだ。

十数年も前、そうとは知らず実父の十七回忌に出席し、松竹少女歌劇団の一員として踊りを披露した。その時、思いがけず出生の秘密を知ってしまってから、長い歳月が過ぎていた。

シヅ子は1951(昭和26)年5月にも、当時の金子正則・香川県知事の依頼を受けて、香川大学募金委員会と四国新聞社の共催によるチャリティー公演を高松東宝劇場で行っている。相変わらず多忙な日々を過ごしていたが、頼まれたらいやとは言えない性格から引き受けたのだろう。

シヅ子は簡単には人を信用しないが、惚れた人、信頼している人への思いは深い。そんな情の深さも「ブギの女王」の魅力の一端となっている。

1949(昭和24)年4月、故郷の香川県引田町で凱旋公演をした際に撮影された写真。前列左から3人目。公演の合間に、会場に近い写真館の座敷で
(旧池田写真館所蔵、東かがわ市歴史民俗資料館提供)。

喜劇女優としても人気に

◆笠置シヅ子の言葉

わたしこの間、櫛をつけたまま舞台へ出てしまってネ、
なンやバタンバタン首筋に當る思ふて、
手をやったら、櫛やないの、あはててしまったワ
ふふふ…あはててゐるのはいつものことやけど…。

（「ブギウギコムビ　爆笑対談」『平凡』1948年12月号より）

ボードビリアンとして一流の素質を発揮

歌手・笠置シヅ子を見出し育てたのは服部良一の功績であることは誰もが認めるところ。その一方、歌う喜劇女優としての魅力を引き出したのは、喜劇王エノケンこと榎本健一である。

シヅ子がエノケンと初めて共演したのは戦後間もない1946（昭和21）年、有楽座の3月公演「舞台は廻る」（菊田一夫作・演出）だった。

エノケンは、シヅ子の芝居は「ツボがはずれているが、面白い」と指摘し、「どこからでも受けてやるから、どこからでもはずしたまま突っ込んで来い」（『喜劇王エノケンを偲ぶ』（榎本健一を偲ぶ会発行）と言い、シヅ子はその言葉を生涯忘れなかった。

当時のシヅ子は「東京ブギウギ」を

喜劇の名コンビと言われたエノケンと笠置シヅ子（笠置シヅ子資料室提供）。

歌う前だったが、エノケンはシヅ子の大阪弁と豊かな表情から生まれる素の魅力に、喜劇役者としての素質を感じたのだろう。

強烈な個性が持ち味の2人の共演はたちまち注目の的となった。この舞台で音楽を担当した服部良一は、エノケン・シヅ子のコンビについてこう記している。

「かねがね僕は日本のボードビリアンとして男性では榎本健一、女性では笠置シヅ子を一番だと思っている」（服部良一「回想の笠置シヅ子」より）

舞台から映画へ エノケン・笠置の最強コンビ

シヅ子がエイ子を出産した年はエノケンとの共演はなかったが、1948

「エノケン・笠置のお染久松」の笠置シヅ子(右)とエノケン(左)(笠置シヅ子資料室提供)。

(昭和23)年の「一日だけの花形」から再開、「愉快な相棒」「エノケン・笠置のお染久松」「ブギウギ百貨店」「天保六花撰」(いずれも有楽座)と続いた。

エノケンと「喜劇王」の称号を二分したライバル・古川ロッパがこう記すほど、「エノケン・笠置」の二枚看板は強力だった。

「エノケンも、笠置シヅ子と合わせたから(客が)入った」(古川ロッパ『古川ロッパ昭和日記』より)

しかし、多くの劇場が利益を得やすい映画館に切り替え、大衆演劇は先細りしていた。その厳しさを肌で感じていたのが、自前の劇団員を抱えるエノケンとロッパだった。

両者は東宝専属の大スターであった。エノケン個人は戦後も東宝に残ったが、エノケン一座、ロッパとその一座は戦後東宝から独立し、運営は苦しかった。

2人が初めて共演したのは1947(昭和22)年の有楽座。さらに映画「新馬鹿時代」でもエノケンがヤミ屋を、ロッパが警官を演じて話題を呼んだが、そこには「背に腹は代えられない」苦しい台所事情があったのだろう。

しかも1948(昭和23)年4月に起きた東宝争議で興行界は混乱し、実質的に東宝での映画出演は不可能となった。映画製作に活路を探るエノケンは「エノケンプロ」を立ち上げ、シヅ子もいくつかの作品で共演を重ねた。

同年の『エノケンのびっくりしゃっくり時代』は準備期間がない早撮りで、酷評する者もいたが、「歌うエノケン捕物帖」(新東宝・エノケンプロ)では藤山一郎、旭輝子(神田正輝の母)らと共演、服部が作曲した音楽とともに全編を盛り上げた。

歌に映画に大活躍 長者番付で女性1位に

日本に高額納税者公示制度が導入されたのは、シヅ子が「東京ブギウギ」をレコーディングした1947(昭和22)年からである。いわゆる「長者番付」で、2006(平成18)年に廃止されるまで、松下電器産業社長の松下幸之助、大正製薬社長の上原正吉らの名前が何度も登場した。

当時の新聞報道によると、「東京ブギウギ」のレコードが発売されて大ヒットした1948(昭和23)年度の著名人の高額納税者は、1位が人気作家の吉川英治で250万円、2位が笠置シヅ子で200万円を納付している。

女性では堂々の1位で、映画界のトップスターである上原謙、原節子はどちらも130万円。赤ん坊のヱイ子を母乳で育てながら、舞台や映画で活躍を続けたシヅ子の突出ぶりが目立つ。ちなみにこれが報道された1949(昭和24)年の大卒国家公務員六級職(後の上級職・大卒I種)の初任給は4223円であった。

同年公開の「エノケン・笠置のお染久松」は、有楽座で上演された同名舞台の映画化で、服部良一が全編の音楽を担当し、シヅ子がお染、エノケンが久松を演じた。

本来のお染は可憐な娘役というのが定番だが、シヅ子はコメディエンヌとしての魅力を爆発させ、喜劇女優としての人気を不動のものとした。

「エノケン・笠置のお染久松」のパンフレット。

誤解された美空ひばりとの関係

✦ 笠置シヅ子の言葉

本舞台に現れたひばりの『東京ブギウギ』は歌い方も間奏の踊りも笠置そっくりで、観衆はヤレ『豆ブギ』だの『小型笠置』だのとヤンヤの拍手である。ぼくも舞台の袖で見ていて、その器用さと大胆さに舌を巻いた。

（服部良一『ぼくの音楽人生』より）

ブギの女王と天才少女の微笑ましい初対面

笠置シヅ子が喜劇王・エノケンこと榎本健一と初共演し、吉本穎右との秘めた恋に身を焦がしていた終戦翌年、年末のＮＨＫの「素人のど自慢大会」に9歳の少女が出場し、「悲しき竹笛」（「リンゴの唄」という説もある）を歌った。加藤和枝、後の美空ひばりである。

地元の横浜ではすでに天才少女として知れ渡っており、のど自慢の審査員の一人だった古賀政男は「なんて気持ちの悪い子だろう」と思ったという。その子どもらしくない歌唱力が裏目に出て、鐘ひとつで不合格となった。天才少女の初めての挫折だった。

1948（昭和23）年5月、横浜国際劇場会館1周年記念特別興行に前座として出演したひばりはシヅ子の「セコハ

1949（昭和24）年9月、
浅草国際劇場の楽屋で撮影された
美空ひばり（提供　朝日新聞社）

ン娘」を歌い、劇場の支配人・福島博（後の通人）に認められた。

後にひばりのマネージャーとなる福島は、ひばりに「豆歌手」「ベビー笠置」などのキャッチコピーをつけて売り出し、ひばりは本格的に歌手として歩み始めた。

そして同年10月、横浜国際劇場に出演したシヅ子は自分の持ち歌を見事に歌うひばりを面白がった。

当時のひばりは笠置のことを「私が一番尊敬している先生」と言い、こう回想している。

「笠置先生はいろいろ親切に面倒を見てくださいましたし、私のような子どもと一緒に写真も撮って下さいました」（美空ひばり『虹の唄』より）

横浜国際劇場の楽屋で撮影された笠置シヅ子と美空ひばり（国立国会図書館蔵）。

これが「ブギの女王」と呼ばれつつあったシヅ子と、将来を嘱望された天才少女の微笑ましい初対面で、シヅ子は34歳、ひばりは11歳だった。

ひとり歩きした「ブギ禁止」伝説の誕生

美空ひばりがデビューした頃、笠置シヅ子が「自分のブギを歌うな」と申し入れたという「ひばり伝説」が今もまことしやかに語り継がれている。

微笑ましい初対面を果たしたはずの二人の間に、どうしてそんな伝説が生まれたのだろうか。

美空ひばりの公式ウェブサイトによると1949（昭和24）年1月、日劇の「ラブ・パレード」（主演・灰田勝彦）に出演したひばりは、服部・笠置側に「ヘイヘイブギ」を歌う許可を求めた。自分の持ち歌以外の曲を興行で歌う際は、著作権者に許可を求める必要があったからである。

それに対して服部らは、映画「舞台は廻る」の挿入歌で発売からまだ日が浅い「ヘイヘイブギ」ではなく、「東京ブギウギ」を歌う許可を出した。曲目の変更を求めたのである。

この措置をひばり側は「禁じられた」「急な変更」と受け止めた。そして『東京ブギウギ』を練習していなかったひばりは歌い出しで失敗し、楽屋で悔し泣きしたというエピソードが語られるようになった。

後に歌謡界に君臨する美空ひばりも、この時点ではまだレコードデビュー前の一新人にすぎない。人気絶頂のシヅ子との立場の違いは明らかで、それはひばりの才能や歌唱力とはまったく別の問題である。しかしシヅ子はこのことがきっかけでひばりの「敵役」と見られるようになった。

米国公演に絡んで楽曲の使用停止を通知

曲目変更事件があった8月、ひばりは「河童ブギウギ」でB面ながらレコードデビューを果たし、主演映画「悲しき口笛」の同名主題歌が大ヒット。日本コロムビアと専属契約を結び、スターへの階段を駆け上がっていった。

同じ頃、女優の田中絹代の渡米を機に、多くの芸能人や文化人がアメリカを目指すようになった。興行的な見通しが立ったからで、服部とシヅ子も1950（昭和25）年6月に渡米することが決まった。

ところがひばりと師匠の川田義雄（晴久）が一足先に渡米することが判明、マネジメントを手がける松尾興行は「ひばりが一足先にブギを歌って回ると、服部・笠置コンビの興行価値が低下する」と危機感を抱いた。

服部は困惑した。ブギは笠置シヅ子というパーソナリティを得てヒットしたものだったからである。

「美空ひばりが歌うことは自由だが、それによって最初に歌った人が迷惑を被るのは作曲家として忍びない」（服部良一『ぼくの音楽人生』より）

そう考えた服部は音楽著作権協会を通じて、今回の渡米中のみ作品の使用を禁じる旨を通告。ひばり側は「著作権協会を通じて使用料は支払っている」と反論し、許可が得られないまま渡米した。

両者は翌年2月、NHKのラジオ番組で共演し、和解が報じられたが、不仲伝説はそのまま残った。

文化人・芸能人とも交流

◆ 笠置シヅ子の言葉

だからよく後輩に言ったもんです。
舞臺をやるならやれ、良妻賢母になるならなれ。
結婚前に子供産むやうな事が
あっても自分で始末出来るならいいと。
ただ、だまされても、だますやうなことだけはするなと。

（「体当り人生談　林芙美子　笠置シヅ子」『鏡』1948年1号より）

シヅ子に巴里的素養を感じた作家・林芙美子

笠置シヅ子は雑誌や新聞の対談や、インタビュー記事に繰り返し登場しており、たとえばシヅ子の自伝『歌う自画像』に「巴里風の湯気」という一文を寄せた作家の林芙美子とも対談を行っている。

『放浪記』の作者として知られる林はシヅ子より11歳上で、戦前にパリやロンドンへ一人で出かけた行動派。ある日、ラジオから流れてくるシヅ子の声が琴線に触れ、舞台を見に行き、楽屋でシヅ子に会って心を揺さぶられた。

自伝を刊行した1948（昭和23）年の「体当り対談」（『鏡』1号）で、シヅ子が「だますよりだまされる女になれ」と言うと、林は「そうですよ」と応じ、こう続けた。

1948（昭和23）年、有楽座の楽屋に笠置シヅ子を訪ねた林芙美子（笠置シヅ子資料室提供）。

「つまづいてそれを滋養分にする女にならなくちゃいけない。芸術家はいいものだ。至るところに知己あり、藝を粗末にしてはいけない。やぶれかぶれになってはいけない」

林は古風で真面目な一方、せっかちで苦労性のシヅ子を心配し、「あなたはもっとムダなことを楽しんだ方がいい」と温泉に誘うこともあった。しかし、多作が原因の心労のせいか、林は1951（昭和26）年6月、心臓マヒで急逝した。「小さい舞台で、笠置シヅ子ひとりの歌と芝居を観たい」という林の夢はかなわなかった。

三島由紀夫が世相・文学・歌を語る

シヅ子の対談相手として異色なのが

三島由紀夫。1950（昭和25）年の雑誌『日光』で、シヅ子は35歳、『仮面の告白』で注目された三島は25歳だった。

　三島はシヅ子の大ファンで、すでに面識があったらしい。対談の冒頭、三島が「今日は笠置さんに片想いを縷々《るる》述べる」と言った通り、三島の一方的な告白をシヅ子が聞くという展開で進んだ。

　三島はいきなり林芙美子の名を口にしたが、これはシヅ子と親しい先輩作家への敬意だったのかもしれない。

「僕はあなたの歌は林芙美子さんと共通点があると思うんだ。ちょっとニヒルで、林芙美子さんにも悲しいところがあって、それでいて全然楽天的なところはね、林さんが笠置さんを好きだという気持ちもよくわかるんです」

　三島の発言は、シヅ子のファン層の分析や、シヅ子の歌が社会に受け入れられる理由、日本人の音楽センス、東京・大阪論、笠置シヅ子論などとりとめもなく続いた。

　三島が饒舌だったのは、対談自体が三島のシヅ子への告白であり、シヅ子が聞き上手に徹したおかげだろう。ちなみに三島は明治以来の女傑として、歌人の与謝野晶子、オペラ歌手の三浦環、小説家の岡本かの子（岡本太郎の母）、そして4番目に笠置シヅ子の名を挙げている。

新進気鋭の作家として注目を集めていた三島由紀夫（提供　共同通信社）。

長い悲しみの時を超え父の親友から聞く真実

三島由紀夫との対談を終えた頃、シヅ子は思いがけない電話を受けた。シヅ子と同郷で、実父・三谷陳平の友人だと名乗った人物は南原繁。戦後間もなく東京帝国大学総長に就任し、後に日本学士院院長などを歴任する著名な政治学者である。また、単独講和を主張

笠置シヅ子の後援会長になった南原繁。東京帝国大学の総長も務めた（国立国会図書館蔵）。

する吉田茂総理に対して全面講和を主張し、吉田から「曲学阿世の徒」と批判されたことでも知られていた。

南原はシヅ子の生い立ちのことで話したいと伝えたが、互いに多忙で、ようやく面会が実現したのは1951（昭和26）年2月のことである。

南原によると、陳平は1歳下の幼馴染み。ともに大川中学校（現・香川県立三本松高等学校）に通い、陳平は電信学校を卒業後、引田の郵便局に勤務していた。鳴尾は陳平亡き後、南原が幼少時に師事した漢学者・三谷棡之助の縁戚と再婚し、近所の娘達に裁縫を教えていたという。

南原の話を聞き、シヅ子は頭の片隅にあったモヤモヤとしたものが晴れていくような気がした。自らの出生の秘密に気づいてから、真実を確かめようもないまま、20年もの歳月が過ぎていた。歌人でもあった南原はシヅ子を歌に詠んでいる。

若くして　死にたる友の女郎花が
かく世に出でて　大いに歌う

南原の存在はシヅ子の後半生の心の支えとなり、同年4月に設立された笠置シヅ子後援会の会長も引き受けた。この異色の組み合わせが世間の注目を浴びたことはもちろんである。

後援会の会員にはフランス文学者の辰野隆、作家の吉川英治、石川達三、田村泰次郎、獅子文六、林芙美子、林房雄、画家の梅原龍三郎、猪熊源一郎、岩田専太郎、女優の田中絹代、山田五十鈴、高峰秀子ら著名人が名を連ね、市井の多くの人たちもシヅ子を応援した。

渡米して本場のブギに触れる

✦ 笠置シヅ子の言葉

私たちが来ているのを知ると、ビング・クロスビーさんはわざわざ逢いに来て下さいました。『日本のブギは聴いたことがある。うちの子供もよく歌っている』といわれた時は無性にうれしくなりました。

（「海を渡ったブギ道中」『新映画』1951年1月号より）

エプロンに下駄履き「買物ブギー」は大ヒット

服部良一は１９４９(昭和24)年、笠置シヅ子が出演する日劇ショーのために「買物ブギー」を書いた(作詞は村雨まさを名義)。上方落語の「無い物買い」から着想を得て、大阪弁の面白さを狙ったものである。2月のレコーディング時点では5分以上の大作だったが、当時のSPレコードに収まらず、一部がカットされた。

「オッサン、オッサン」を連呼する口上調の歌詞に、シヅ子が「ややこし、ややこし」とぼやいたのを服部は聞き逃さず、即座にそれを取り入れた。エプロンに買い物かごを持ったシヅ子が、下駄履きでタップを踏み、歌い踊る姿も衝撃的で、6月に発売されるや大ヒットとなった。

エプロンに買い物かごを持ち、
「買物ブギー」を歌う笠置シヅ子
（写真提供　マガジンハウス）。

シヅ子のショーマンとしての素質を余すところなく引き出した楽曲で、「オッサンオッサン」「ワテほんまによう言わんワ」というフレーズは流行語となった。

累計で45万枚も売れた「買物ブギー」のヒットの効果もあり、6月の日劇公演「歌う笠置シヅ子・服部良一ヒットメロディー」には1週間に7万人もの観客が詰めかけた。

ハワイでも「買物ブギー」が大流行

1950(昭和25)年6月16日、服部良一、笠置シヅ子、歌手の服部富子(良一の妹)、女優の宮川玲子は羽田空港を飛び立ちハワイに向かった。

1カ月前に旅立った美空ひばり一行は「日系二世部隊」の記念塔建設基金募集興行という大義名分を掲げていたが、服部らの渡米名目は日系人慰問公演と、ブギの本場米国で見聞を広めることだった。

ハワイでは「情熱脱線娘」「銀座カンカン娘」など、シヅ子が出演している日本映画も多く上映されていたが、日本の流行歌はもっと人気が高く、「買物ブギー」の流行ぶりは一行が驚くほどだった。

シヅ子は帰国後の雑誌記事で、「買物ブギー」がハワイで大ヒットしていたことについて、日本国内では所によって大阪弁の歌詞が通じないが、ハワイには広島を中心とした関西からの移民が多いからだと語っている。

ハワイには邦人経営の国際劇場があり、昼間は働いているアマチュア音楽家が日本から来た歌手の伴奏などをしていた。短い間だったが、服部の指導を受け、ちょっとした組曲も演奏できるようになり、地元の人々も喜んだという。

アメリカで憧れのスターに対面

服部・笠置一行はハワイから米国本土へ飛び、各地の教会(仏教の祈祷所)を訪問した。戦争で何もかもを失った在米邦人らは仏教の教会を心の拠り所としていた。

シヅ子は渡米中、40回以上舞台に立った。観客として訪れた劇場で舞台に引き上げられ、「クイーン・ブギウギ」と紹介され、服部の伴奏で「東京ブギウギ」を歌うこともあった。

日系人慰問公演のため、羽田空港からアメリカに出発する笠置シヅ子と服部良一（笠置シヅ子資料室提供）。

ロサンゼルスの20世紀フォックス（現・20世紀スタジオ）やＭＧＭでは映画の撮影現場を見学、ジャズ・ヴィブラフォンの第一人者・ライオネル・ハンプトンの舞台も見て、本人にも対面した。

それだけではない。

ハリウッドのＭＢＣ放送局では、トップスターのビング・クロスビー、ボブ・ホープ、ダイナ・ショーアらがそろって出演するラジオ・ショーを間近で見学することができた。この思いがけない体験はシヅ子を大いに感動させた。

服部は彼らに「東京ブギウギ」「銀座カンカン娘」の楽譜を、シヅ子は日本の人形や三味線の置物を贈った。

これだけでも夢のようだったが、憧れのニューヨークで得たものも多い。

前年の雑誌の取材で「もし外国へ行けるなら、ニューヨークで観られるものは何でも観たい」と答えた通り、時間の許す限り、映画館や劇場、ナイトクラブなどを回った。

また、当時のブロードウェイ・ミュージカルの話題作「キス・ミー・ケイト」や「サウス・パシフィック」などのプラチナ・チケットも入手し、気になる舞台には二度、三度と足を運んだ。

シヅ子はこの訪米で合唱の素晴らしさと照明の美しさ、アンコールの演出の巧みさに感動し、ビリー・ホリディなど、黒人音楽家の活躍や歌唱力に大きな刺激を受けた。

「私も帰ってきて意外に日本のよさ、日本のたのしさがわかり、この日本に徹したところから新しい歌をひらいていきたいと念じているのも、その感化かもしれません」（「海を渡ったブギ道中」1951年『新映画』1月号より）

金銭要求の脅迫状が届く

◆ 笠置シヅ子の言葉

母親の弱みをついて来るんで弱ったア、
捕まって、ほんまん好かった。
でも、また真似する人出て、困るよってん、弱ったア。

（「ニューストーリー」1954年『小説公園』7月特別号より）

子どもの命を狙い金銭要求の脅迫状が届く

服部良一と笠置シヅ子が渡米した直後、朝鮮戦争が勃発し、日本は特需景気に湧いた。敗戦から10年、復興が進むに伴って娯楽産業も成長し、雑誌や新聞は芸能情報を豊富に伝えた。

一方、各界のスターは自らの成功の証しとして豪邸や別荘を建て、その偉容や豪華な内装を紹介するグラビアが毎号のように雑誌を賑わせた。

1951（昭和26）年、シヅ子も世田谷区に平屋の邸宅を建てた。豪邸というよりも広い庭と洒脱な外観、住む人の動線を考えた合理的な設計がいかにもシヅ子らしかった。

11月、シヅ子は新築祝いとエイ子の4歳の誕生日祝いを兼ねたガーデンパーティーを開催、翌年からは6月の恒例行事としてしばらく続けた。

個人情報の管理が厳しい現在では考えられないが、当時は雑誌に著名人の自宅住所が載り、「世田谷区笠置シヅ子様」でファンレターが届いた。そうした風潮をあざ笑うかのような事件が起きたのは1954(昭和29)年3月31日の朝、笠置家の郵便受けに不審なハトロン封筒が投げ入れられていた。

封を開けると、わら半紙に赤インクでこう書かれていた。

「俺たちは秘密結社の者で、金が必要だ。2日夜10時までに向天神橋の下に6万円を新聞紙に包んで置け。警察に知らせたりすれば娘の命はない」

当時、シヅ子は名古屋で巡業中。この脅迫状のことを知ったのは翌4月1日、娘ヱイ子の声を聞こうと、自宅に電話をかけた時だった。

1954(昭和29)年4月8日、テープレコーダーで脅迫電話の声を聞く笠置シヅ子。右は当時のマネージャー(提供　朝日新聞社)。

マネージャーが犯人と電話で交渉無事逮捕にいたる

シヅ子は本気にしなかった。

「そら、エイプリル・フールよ」

しかし、実物を見ている留守番から「本物らしい」と言われ、震える手で警察に通報した。

2日、刑事が向天神橋に張り込んだが犯人は姿を見せなかった。その夜から脅迫の電話がかかり始め、3日から用心のため、マネージャーが泊まり込み、シヅ子は4日に帰宅した。

こうして笠置家ではシヅ子と間もなく私立小学校に入学するヱイ子、留守番のおじちゃん夫婦、運転手、マネージャーら3人と、前年、ピストル強盗に入られてから増やしたスピッツが3匹、息をひそめて引きこもった。庭にはボケとツツジの花が盛りを迎えていた。

脅迫電話はその後も続く。ところが犯人はどうも意気地がなく、マネージャーが電話口で語気を強めると、ぐずぐずと長電話になった。そして7日の晩、シヅ子の発案で電話の会話をテープレコーダーに録音した。

脅迫は何度も繰り返されたが、現実にヱイ子を誘拐されたわけではない。応対役のマネージャーは要求額を3万円に値切った上で、翌8日午後3時、自由が丘駅前の銀行の前で金を渡すという段取りをつけた。

翌日、自由が丘の駅前には街頭テレビでプロ野球の南海・毎日戦を観戦する人々が群がっていた。

マネージャーがお札の大きさに切りそろえたザラ紙を新聞紙に包んで待っていると、犯人は25分遅れて現れた。

たちまち群衆に紛れ込んでいた刑事に取り押さえられ、たいした抵抗もしなかった。すぐに待機していた車で連行され、駅前の人々は何事もなく、野球中継に見入っていた。

犯人は30歳の無職の男。結婚を前に失業し、金に困っての犯行だったが、翌年も同様の犯行を繰り返して再逮捕され、同情の余地はない。

事件は無事に解決し、ヱイ子は新1年生として小学校に通い始めた。ヱイ子は母を「マミィ」と慕い、シヅ子も父のないヱイ子を不憫《ふびん》と思って可愛がった。しかし、シヅ子はこの事件を機に、ヱイ子を芸能人の子ではなく、平凡な家庭の子どもとして育てていこうと決心した。

第5章

女優として国民に親しまれる

歌手を廃業して女優業に専念

◆ 笠置シヅ子の言葉

歌える女優として望外の知遇を得ましたが、民放のラジオの各局からドラマ出演の交渉を受けるようになったのを機会に、二足のわらじを履くことを断念しました。

（「ブギウギから二十年」1968年『婦人公論』8月号より）

テレビの時代の幕開け その冒頭を飾る

1951（昭和26）年11月末から東京の日劇、大阪の大劇で「服部良一作曲二千曲記念ショー」が開催された。服部の27年間の集大成に、コロムビアとビクターの人気歌手が結集した。

大劇のフィナーレはOSK（大阪松竹歌劇団）のラインダンスのはずだった。ところが実際にダンサーとして登場したのは、服部富子、笠置シヅ子、渡辺はま子、淡谷のり子らだった。

「黄色い掛け声をあげながら、一生懸命、太めの足をあげて踊っているトップ・シンガーたちを見ているうちに、ぼくの全身が熱くなり、目の前がぼーッと涙でかすんでいったのを覚えている。（服部良一『ぼくの音楽人生』より）

シヅ子たちが服部に内緒で衣装を準

ラジオ番組の収録を行う笠置シヅ子
（笠置シヅ子資料室提供）。

備し、猛練習したサプライズだった。

シヅ子は、当時は年明けに放送されていたＮＨＫの紅白歌合戦に１９５２（昭和27）年から出場、１９５３（昭和28）年には紅組のトリとして「ホームラン・ブギ」を歌った。そして同年2月1日、日比谷公会堂から生中継されたＮＨＫ「今週の明星」に霧島昇らと出演、テレビ放送開始という歴史的1日に姿を刻んだ。テレビの時代の幕開けであった。

1953（昭和28）年のNHK紅白歌合戦で紅組のトリとして笠置シヅ子が歌った「ホームラン・ブギ」は1949（昭和24）年発表のヒット曲（笠置シヅ子資料室提供）。

この頃にはブギは下火となり、「３人娘」と呼ばれた美空ひばり、江利チエミ、雪村いづみらを中心とするマンボ・ブームが起きていた。

歌手を廃業し女優に転身「高いギャラはいりまへん」

『経済白書』が「もはや戦後ではない」と宣言した１９５６（昭和31）年、シヅ子は1月と3月に日劇に出演、同時期に最後のレコードとなる「ジャジャムボ」「たよりにしてまっせ」の2曲（どちらも作曲は服部良一）を吹き込んだ。

ところがその後、ふっつりと舞台から姿を消してしまう。そして大晦日のＮＨＫ紅白歌合戦に大トリとして登場、「ヘイヘイブギ」を歌ったが、１９５７（昭和32）年の年明け早々、歌手を廃業して女優業に専念したいという意思を表明した。

シヅ子は動勢がよくわからない9カ月の間に42歳となり、愛娘のヱイ子は9歳になった。体力的にももはや「歌って踊るブギの女王」であり続けることはできない。シヅ子自身がそのことをよくわかっていた。

シヅ子は映画会社やテレビ曲の関係者を訪ね、こう言って頭を下げた。

「これまでのような高いギャラはいりまへん。これからは新人女優のギャラで使《つこ》うてやってください」

思い切った決断だったが、この潔さ

と謙虚さ、一徹さが「笠置シヅ子」なのだ。シヅ子は後にこう語っている。

「三十四歳でブギウギに挑戦し四十歳をすぎてドラマを克服しなければならない、〝老いたる戦後派〟です。もともと一本気の私なのですから、〝なんでも屋〟になりきれるわけがありませんもの」（「ブギウギから二十年」1968年『婦人公論』8月号より）

ドラマ『雨だれ母さん』『幸運の階段』で新境地

「ブギの女王」として一時代を築いた歌い手が、歌うことをやめるまでには悩みも迷いも葛藤もあったはずだ。

ひとつの転機となったのは1957（昭和32）年の連続ドラマ『雨だれ母さん』（ラジオ東京テレビ・現TBS）への出演だった。シヅ子は下町を舞台に逆境にめげず、2人の子どもを明るく育てる未亡人役を演じた。そしてこの作品で「歌う声」と「セリフの声」の質の違いを痛感した。

しかし、このドラマで女優としての新たな境地を開き、翌1958（昭和33）年にはNHKの連続ドラマ『幸運の階段』で、水谷良重（2代目水谷八重子）、長浜藤夫、平幹二朗らと共演、映画や「歌わない」舞台女優として芸能活動を続けた。

きっぱりと歌手を廃業し、女優に転身した当時、シヅ子に面と向かってこんなことを言う人もあった。

「笠置さんはズルイ。目先を利かせて、うまいこと看板を塗り替えたわね」

「すっかり〝お母さん女優〟がイタについたわね。案外やるじゃないの」

誰の発言かはわからないが、やっかみ半分にそう思われたのだろう。白黒テレビの普及率はわずか数年で8割を超え、テレビ放送が人々に欠かせない娯楽となっていた。

1960（昭和35）年12月からは、フジテレビの『台風家族』で、口調は乱暴だが愛情あふれる太鼓焼屋のおかみさん（おシズさん）を好演、64（昭和39）年まで続くヒットドラマとなった。

撮影初日、シヅ子は若いディレクターに、何度もこう頼み込んだ。

「笠置シヅ子の名を忘れてほしい。ヨチヨチ歩きだから、どんなに大勢いる前でも、遠慮なくダメを出してちょうだい」（「人生は楽し」1970年『くらしの和泉』6月号より）

ヒットの背景には、こうしたシヅ子ならではの芸人魂があった。

テレビを通してお茶の間に

◆ 笠置シヅ子の言葉

人から物を受け取って、すぐに消毒するなんて、失礼なことですけど、やめられへん。店で買い物する時も、金をはろうて釣り銭もらうと、とたんに消毒しな、気がすみまへん。

（「私のないしょ話」1959年『週刊読売』10月11日号より）

「家族そろって歌合戦」で敗れた家族を励ます

1960年代に入ると、笠置シヅ子の芸能活動は映画が中心になっていく。そんな中で1966（昭和41）年4月、TBS系列局で放送される「家族そろって歌合戦」の放映が始まった。日本の総人口が1億人を超え、カラーテレビ、カー、クーラーの3Cが「新3種の神器」と呼ばれ、ビートルズが来日した年である。

当時はテレビが普及し、視聴者参加型のクイズ番組や歌番組が盛んに制作された。

「家族そろって歌合戦」は日曜の午後、家族がそろって見るのにおあつらえ向きで、てんやわんや（獅子てんや・瀬戸わんや）の司会も人気を後押しした。シヅ子は作曲家の市川昭介、神津善行、高

TBS「家族そろって歌合戦」に審査員として出演する笠置シヅ子。
シヅ子の右は順に高木東六、神津善行（写真提供：TBSテレビ「家族そろって歌合戦」）。

木東六、教育評論家の阿部進らと、番組が終了する1980(昭和55)年まで、14年間にわたって審査員を務めた。

8チームがトーナメント方式で勝ち抜く方式で競われ、作曲家らは音楽の専門家として辛口の批評を連発する。そんな中でシヅ子はいつも敗れたチームに寄り添った。

「惜しかったなア、またいらっしゃい」

その温かい励ましの声は、ブラウン管の向こう側で見守る視聴者家族の心にも響いていた。

「家族そろって歌合戦」は系列局が持ち回りで番組の制作と配信を担当した。そのため、収録地は、北は北海道から南は沖縄県に及び、審査員らも全国各地に足を運んだ。かつて巡業で全国を巡ったシヅ子にとっては、懐かしい場所もあったことだろう。

人一倍の潔癖症できれい好き

シヅ子がきれい好きだったということは周囲の誰もが知っていた。自身も週刊誌の打ち明け話として、インタビューにこう答えている。

「あんまり公開しとうはないんですが、わては悪いくせをもっているんです。アルコールに関することです」(「私のないしょ話」1959年『週刊読売』10月11日号より)

お酒は一滴も飲めないシヅ子が言うアルコールとは、消毒用アルコール・エタノールのことである。

シヅ子は人並み外れたきれい好きで、いつもエタノールを染みこませた脱脂綿を持ち歩き、何かに触れるとすぐに手を拭く癖があった。今ならおそらく、携帯型除菌シートが手放せないタイプである。

松竹少女歌劇団の下積み時代も、きれい好きが災いして忙しい思いをし、婚約者・吉本穎右にも「すぐに片づけられ、洗われてしまう」とあきれられた。

実はそれには理由がある。1934(昭和9)年の室戸台風が西日本に甚大な被害をもたらした時、大阪の南恩加島で暮らしていた亀井家は高潮に襲われた。

家財道具が泥まみれになる不衛生な

1971(昭和46)年、
日本で初めての液体クレンザー
「カネヨン」が発売された
(カネヨ石鹸株式会社提供)。

環境で、何かにつけて消毒が必要な状況となった。おそらく生来のきれい好きであったシヅ子は、この経験がきっかけで極端なまでの潔癖症となった。しかし、シヅ子の「わるいくせ」がプラスに働く機会が巡ってきた。

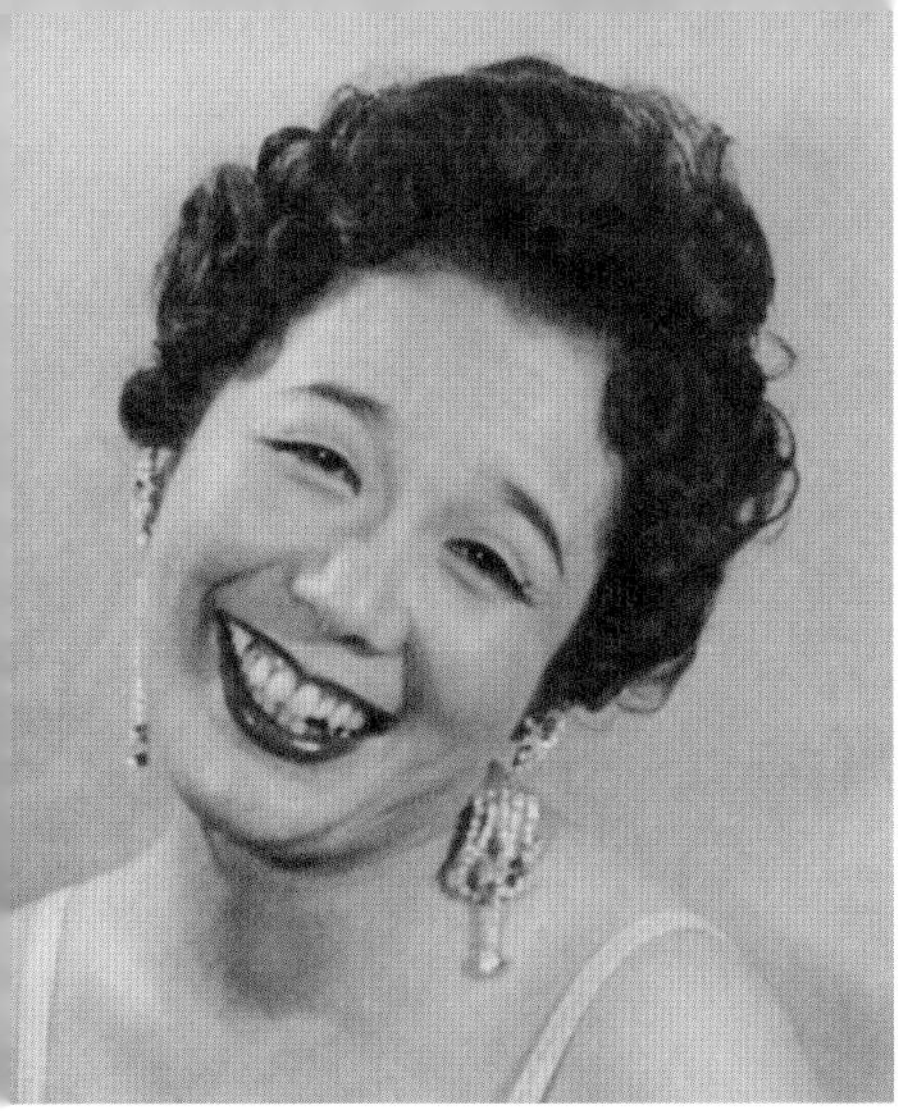

親しみやすい笑顔が印象的だった笠置シヅ子は「大阪のおばちゃん」として世間に浸透していった（笠置シヅ子資料室提供）。

カネヨ石鹸「カネヨン」CMのおばさんとして

シヅ子は１９７１（昭和46）年からカネヨ石鹸株式会社が日本で初めて発売した液体クレンザー「カネヨン」のテレビコマーシャルに出演した。

日本でテレビの商業放送が始まったのは１９５１（昭和26）年の８月からで、テレビＣＭも同時に誕生した。

シヅ子は１９５３（昭和28）年からアース製薬の殺虫剤「アース」のＣＭに起用されており、おそらく日本におけるＣＭタレントのはしりでもある。

製薬メーカーや衛生用品メーカーのマーケティングの視点に立つと、衛生関連商品とシヅ子のキャラクターは親和性が高かったのだろう。

50代後半になると芸能界への露出は少なくなったが、カネヨ石鹸の商品のＣＭ出演は晩年まで続いた。笠置が舞台せましと歌い躍る姿を知らない世代も覚えているはずの、あのＣＭの声。「カネヨンでっせ！」

シヅ子は自分をこう評している。

「そこへ持ってきて根がキレイ好きの癇性と来ているから、自分の身辺のすべてを割り切って整頓してまう」（『歌う自画像』より）

女優に転身後のシヅ子はテレビ番組やＣＭを通じ、「しっかり者で情に厚い、きれい好きな大阪のおばちゃん」のイメージで親しまれた。

病魔と闘った晩年

◆ 笠置シヅ子の言葉

女優としての仕事は続けていたのですが、
それでも晩年は、カネヨンのCM以外の仕事はしなくなりました。
これまた年をとってみっともない様をお見せしても
申し訳ない、自分の名声を汚したくない、
という母なりのけじめだったのでしょう。

（亀井ヱイ子「笠置シヅ子」1989年『文芸春秋』10月号より）

日劇閉館の記念舞台に縁ある人たちと立つ

1960（昭和35）年、東京大手町のサンケイホールで、服部良一・万里子夫妻の結婚25周年を祝う「服部良一銀婚式記念シルバーコンサート」が開かれた。

笠置シヅ子は服部富子、渡辺はま子、二葉あき子、市丸、淡谷のり子らとともに「霧のサンフランシスコ」「別れのブルース」を歌った。これが人前で歌う姿を見せた最後だったと思われる。

1970（昭和45）年3月には新宿コマ劇場特別公演「喜劇王エノケンを偲ぶ」に出演、同年1月に肝硬変のため、65歳で亡くなった榎本健一の冥福を祈った。

そして1981（昭和56）年1月、日劇の閉館にともなって開催された「サヨナラ日劇フェスティバル　ああ栄光の

1960（昭和35）年、「服部良一銀婚式記念シルバーコンサート」に出演した笠置シヅ子（笠置シヅ子資料室提供）。

半世紀」公演の最終日、参議院議員になった山口淑子(李香蘭)、長谷川一夫とともにステージであいさつした。

　長谷川は1974(昭和49)年、宝塚歌劇の『ベルサイユのばら』の初演の演出を手がけて話題だったが、シズ子はそもそも長谷川の大ファンであった。

　戦争末期、シヅ子は北海道で長谷川一座と共演することになった。ところが仕事の都合で同行できず、一日遅れで青森駅に着くと、長谷川が乗った青函連絡船が米軍機に爆撃されたと知らされた。シヅ子はその場にへたり込んだが、実は長谷川は、シヅ子が寂しがるだろうと思って乗船予定を遅らせていた。長谷川はシヅ子の到着を待って助かり、シヅ子は自分を待ってくれた長谷川の温情に心を打たれた。

　間一髪で助かった2人はこれ以後、演劇人として「生かされている」運命を共有し、互いの生き方を見守り続けたと思われる。

病魔と闘い続けた晩年 最愛の娘に見守られ

　日劇の閉館記念公演が、シヅ子が公的な場に姿を見せた最後となった。一世を風靡した「ブギの女王」笠置シヅ子は、見事なほど鮮やかに芸能界からフェードアウトしていった。

　しかし、1972(昭和47)年に右の乳房にがん見つかり手術。寛解したものの1983(昭和58)年には卵巣がんで入院・手術を余儀なくされ、体力の衰えが目立つようになった。

　翌年4月、長谷川一夫の訃報に涙をボロボロこぼし、8月には自身の古稀をささやかに祝ったが、9月にがんが再発、病み衰えた姿を人に見せたくないという意思を貫き、見舞いはすべて断った。そしておよそ7カ月の闘病の末、1985(昭和60)年3月30日、立正佼成会附属佼成病院(当時は東京都中野区)で永眠した。

「わての歌はみんなの心の中に残ってくれたらそれでええ……」

　歌に、演劇に、愛に、力いっぱい生き

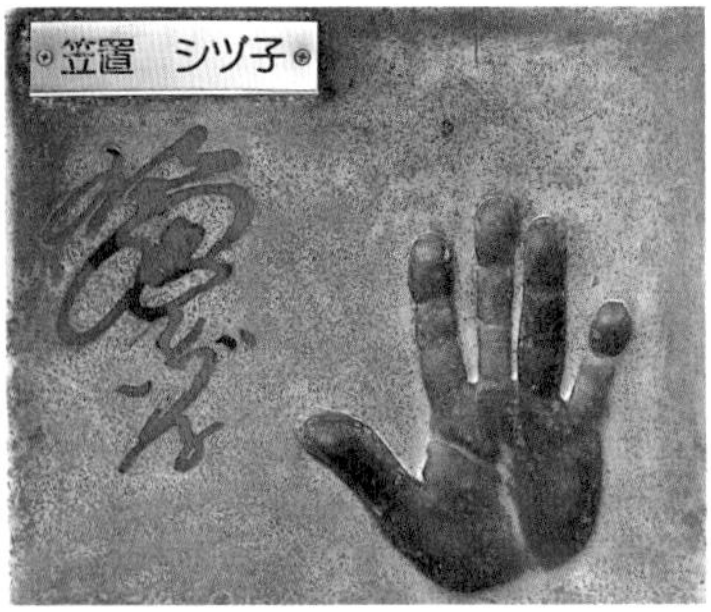

浅草公会堂の「スターの広場」には、浅草ゆかりの芸能人の手形とサインが飾られている。笠置シヅ子の手形は1979(昭和54)年の創設時に設置された。

笠置シヅ子の告別式が行われた築地本願寺和田堀廟所の外観。

た70年の生涯を看取ったのは、最愛の娘・ヱイ子とアーサー美鈴だった。

初対面の時に穎右から渡された名刺を一生大切にしてきた一途なシヅ子。その胸中は、ようやく穎右に会えるという思いに満たされていたことだろう。

葬儀委員長・服部良一がブギの女王を見送る

笠置シヅ子の告別式は1985（昭和60）年4月5日、77歳の服部良一が葬儀委員長を務め、築地本願寺和田堀廟所（東京都杉並区）でしめやかに営まれた。

服部は雑誌に「しかし彼女の場合は或る日突然止めてしまったので驚いた」と記す一方、「ほとんど最盛期といってもよい時期に、ファンに最高の思い出を残して音の世界から消えてしまったのである。全く見事という外はない」とも書いている。（「回想の笠置シヅ子」1985年『文芸春秋』6月号より）

服部は当初、シヅ子の引退を受け入れがたかったようだが、服部がシヅ子主演の『幸運の階段』の音楽を担当した頃から、両者の関係は新たな段階に入ったと見てよいだろう。

「スイングの女王」から「ブギの女王」へ輝かしい転身を果たしたスター歌手・笠置シヅ子の後半生は、歌を封印した庶民派女優であり、街中にあればよき隣人であり、家庭にあれば厳しい母であった。自分のことは後回しの世話焼きおばちゃんで、養父・音吉亡き後は生母・鳴尾に孝行を尽くし、三谷家の縁戚とも親交を深めた。

シヅ子は関西財界の重鎮で大阪商工会議所会頭などを歴任した杉道助のこの言葉を生涯大事にしたという。

「人間は人の世話を途中で投げるのなら、初めからそんな気持ちを出すな。愛したらトコトンまで、その人を愛してやれ」（「ブギウギから二十年」1966年『婦人公論』8月号より）

◆笠置シヅ子さん息女・亀井ヱイ子さんインタビュー◆

優しく律儀だった母の思い出

「東京ブギウギ」など大ヒット曲の歌手として、歌手引退後は映画やテレビドラマの俳優として、また人気番組「家族そろって歌合戦」の審査員やテレビCM「カネヨのおばちゃん」としても国民に親しまれた笠置シヅ子さん。家庭では最愛の娘・ヱイ子さんを女手一つで育て上げた。母との思い出をヱイ子さんに語っていただいた。

仕事やしつけに厳しく何よりも人を大切にした母

――お母様の笠置シヅ子さんは、家ではどんな方だったのでしょうか。

亀井　そうですね。私が子どものころ、悪いことをすると押入に入れられたりしていました。しつけには厳しい人でしたね。

家には、私の面倒を見てくれるばあやとその旦那さん、お料理を作ってくれるお手伝いさん、運転手さんもいましたので、小学生くらいになると、母が仕事で家にいなくともそんなにさびしいということはありませんでした。

料理はお手伝いさんに任せていたので、母は料理をほとんどしませんでした。「彼女たちは仕事として料理を作りに来ているのだから、私たちが勝手に台所に入って料理を作るようなことはしてはいけない」と厳しく言われていました。

それでも、お手伝いさんがお休みでいないときは、「冷蔵庫の中にあるもので料理を作りなさい」と私に言っていました。残った食材を消費するためだったのですが、今思うと、母はお手伝いさんやばあやのことをきちんとリスペクトして、家族以上と言っても過言ではないほど、とても大切にしていたのだと思います。

ただ、母は大阪育ちなのでお好み焼きは自分で作っていましたね。母のお好み焼きは、桜エビを入れたり、山芋を入れたりしたいわゆる大阪風でした。とてもおいしかったですね。

母は、私が高校を卒業するまでは学業のことには一切口出ししない人でしたが、当時通っていた中高一貫校の系列の大学にそのまま進

最初に飼ったスピッツと遊ぶ笠置シヅ子さんとヱイ子さん（笠置シヅ子資料室提供）。

学しようと思っていたら、大学のある場所は治安が悪いから行かないほうがいいと言われて、びっくりしました。それまでそんなことは言ったことがなかったので。

それで私は大学には進学せず、「フラワーデザインをやっていきたい」と話したら、「花は添えものだから、まず洋服を勉強したほうがよい」と言われ、服飾デザイナーの田中千代先生のところで勉強しながら、並行してマミ川崎フラワーデザインスクールに2年間通いました。

当時の日本には生け花はあっても、西洋風のフラワーアレンジメントが少なかったので、卒業後渡米し、オハイオ州クリーブランドのスクールに通い、ディプロマを取得してから、シカゴの花屋で修業をしました。1年後に、ロサンゼルスのショップに移ろうとしたら、母が「そろそろ帰って来い」というので帰国し、都内のホテルに入っている花屋で働かせてもらいました。

その頃から、「もう大人なんだから、自分で生計を立てなさい」と言われ、それからは1円も小遣いをもらっていません。部屋に電話を付けてくれましたが、通話料は

世田谷区の松陰神社近くの家で。1950（昭和25）年頃（笠置シヅ子資料室提供）。

自分で払いなさいと言われました。
　教育の一環という意識だったのだと思います。自分は先に逝くから、その前にちゃんと一人で生計を立てて生活していけるように、教育しなければいけないということだったのかなと感じています。

――お二人で旅行に行かれたようなことは？

亀井　歌手をしているときは仕事に付いていくようなこともよくありました。
　私が赤ちゃんのときは、いつも帝劇とか日劇とかの楽屋に連れられて行っていました。当時は粉ミルクなどない時代なので、母乳で育てるしかありませんでした。私はいつも母と一緒にいましたから、私は母の楽屋で育ったようなものですね。

1951（昭和26）年に完成した世田谷の邸宅（笠置シヅ子資料室提供）。

　母が歌手を引退してからは、二人でよく旅行に行きました。12歳のとき、昭和34年頃だと思いますが、私の夏休みに合わせて、母といっしょにアメリカ旅行に行きました。仕事ではなくプライベートで、二人きりで約1カ月。ミシガンやサンフランシスコ、ロサンゼルス、ホノルルなどに行きました。アメリカには母の知り合いが多くいたので、そういう方を訪ねながら、ゆっくり旅行しました。このときの経験が私がフラワーアレンジメントをやってみたいという思いにつながったのだと思います。

――昔の雑誌に、小さい頃は盛大な誕生パーティをやっていたと出ていました。

亀井　私が4歳のときに今の場所に引っ越して来て、家の新築祝いを兼ねた誕生パーティをしたんです。母の仕事上の付き合いのある方たちも大勢呼んで。それが雑誌でも紹介されたんです。でも、誕生パーティは小学生まででした。「12歳にもなってこんなことをしていたら、ろくな大人にならない」と言われて。それで、12歳の誕生パーティはやめて、その代わりに母とのアメリカ旅行になったのです。

踊れない自分は見せない プロに徹した歌手人生

――お母様が歌手を引退された理由はお聞きになりましたか。お母様はどなたかに相談されたのでしょうか。

亀井　誰にも相談はしていないと思います。自分自身で決めたことでしょう。母はけっこうさっぱりしたところがありましたから。一つの原因としては、若いときと同じようには踊れない、動けないということがあったと思います。ファンの方たちにいい時のイメージを持ったままでいてほしいということもあったのではないでしょうか。若い時の母は、ものすごく激しい動きをしていました。身長が150㎝くらいで、歌手をやっていた頃の体重は37〜38㎏くらいだったみたいです。そんな小柄な人があの激しい動きをしていたのですから、本当に大変だったろうなと思います。

歌手を引退したあとはお芝居とか、映画とか、歌番組の審査員とかいろいろやらせていただきましたね。

――カネヨ石鹸のクレンザーなど、コマーシャルも。

亀井　そうですね。カネヨ石鹸さんは母が一番長くお世話になりました。13年半くらいでしたね。母はよく製品を買って近所のみなさんにお配りしていましたよ。

――「東京ブギウギ」をはじめ、多くの作品で名コンビといわれた作曲家の服部良一先生とは個人的にも親しくされたと聞いていますが、思い出はありますか。

亀井　母は、何かあれば服部先生の家に伺うような感じで、家族ぐるみで親しくさせていただいていましたので、服部先生は私にとっては親戚のおじさんという感じです。私が小学生の頃、先生の長男の克久さんがパリへ留学されたときに、行きは横浜から船だったのですが、帰りに飛行機で帰って来られて、車で羽田空港まで迎えに行ったのをなぜか鮮明に覚えています。

――お母様が親しかった方というとほかにはどんな方がいらっしゃいましたか。

亀井　一番仲がよかったのは花岡菊子さんという女優さんで、しょっちゅう家に遊びに来ていました。母も私も菊子さんを「ちゃー」と呼んでいました。母は、菊子さんと二人で大好きな長谷川一夫さんのお芝居を観に行ったりしていましたね。

長谷川一夫さんは、戦争中に津軽海峡で起きた青函連絡船の沈没事故で、命拾いをしたことがありました。それ以降、長谷川一夫さんに会うと「あんたのお母さんが遅刻したおかげで、ぼくらは助かった」といつも言われました。そういうこともあって、長谷川一夫さんとはとても親しくなったようです。

母は、本当に義理堅い人でしたが、晩年は「親しい方のお葬式には行きたくない、もう寂しくて行くことができない」と言っていました。

それで、親しい方のお葬式には、母の代わりに全部私が行っていました。

長谷川一夫先生の時もそうでした。親友だった花岡菊子さんのお葬式なんて、「もう絶対嫌だ、行きたくない」と言って。菊子さんの息子さんが千葉にいらしたので、私が母の代理でお悔やみに伺いました。

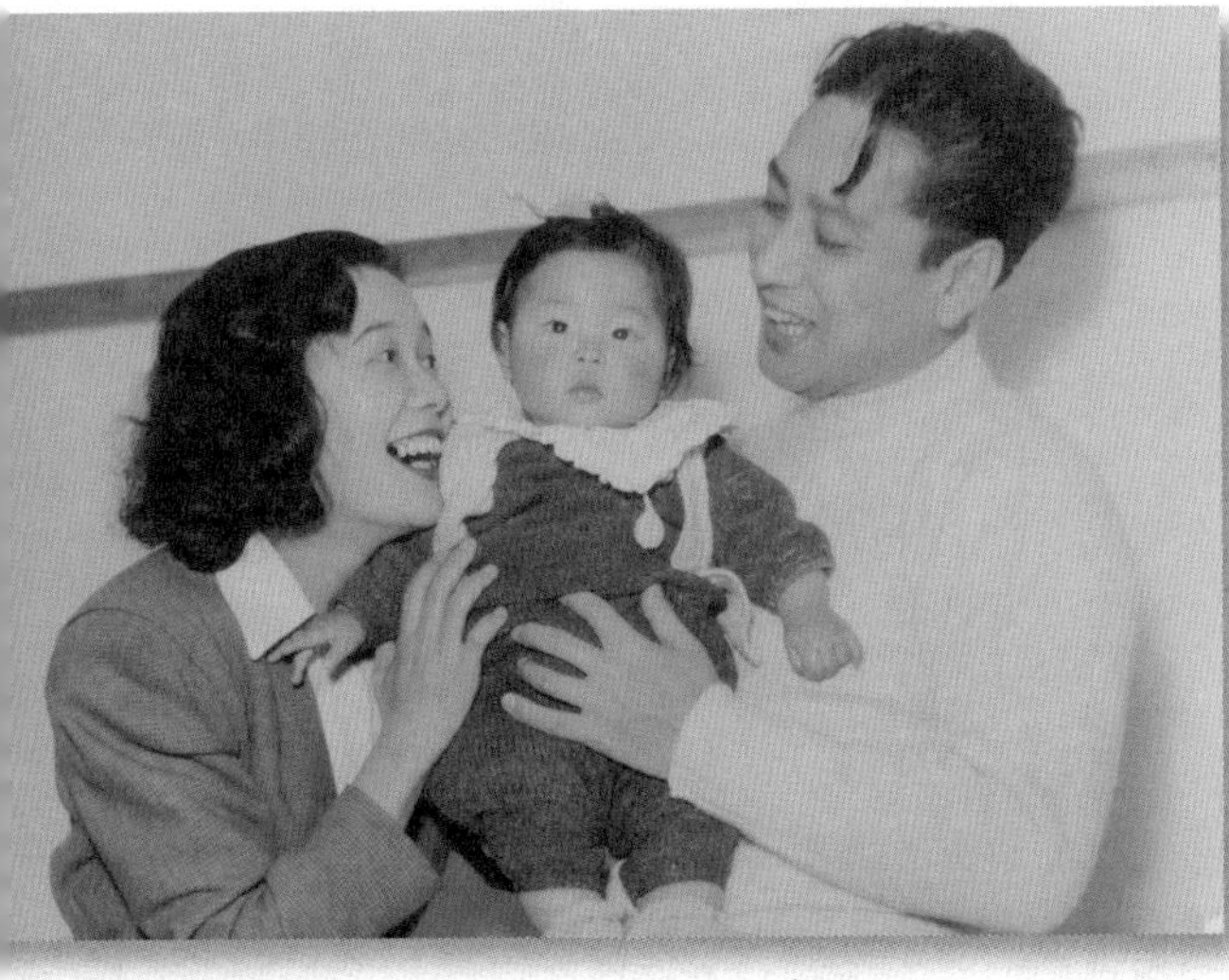

長谷川一夫さんにヱイ子さんを見せるシヅ子さん（笠置シヅ子資料室提供）。

――お父様のことはどういう経緯でお知りになりましたか。

亀井　母からは改めて深くは聞いていません。母の友だちたちから、なんとなく聞いたという感じです。父のお墓参りには、子どものころから毎年行っています。コロナで2年間、行けなかったのですが、今年(２０２３年)は行ってきました。

道理を通す律儀な人
さまざまな業界に広い人脈も

――ヱイ子さんから見たお母様はどういう方でしたか。

亀井　非常に律儀な人でしたね。いろいろなことに関してすべて道理を通す人でした。常識にもうるさかったですし、私にも常識や義理、そういうことに関してものすごくうるさかったですね。

母は顔が広くて、芸能界だけではなく、いろいろな業界の方たちとお付き合いがありました。人を紹介してほしいとか、娘の面倒を見てほしいとか、いろいろな人から頼まれごとをされていました。関西から来た知人の娘さんを半年ほど家で預かったこともありました。

私には「分かったって言って引き受けたら最後までやりなさい。駄目なものは最初からことわりなさい」といっていました。

食べ物も「どんな高いもの買ってもいいから、腐らしていけない」と。「食べ物を捨てるなんて、こんなもったいないことはない」っていうのが口癖でした。私が38歳のときに母がなくなりましたが、私も食べ物は捨てずに、な

小学3年生のときに、
ヱイ子さんが描いたシヅ子さんの絵
(1956年『小説公園』掲載)。

んとか加工して食べようと努力しています。

――ヱイ子さんは芸能界への興味はなかったのでしょうか。

亀井　芸能人になりたいというのは、まったくなかったですね。マネージャーをやりなさいというのは、いろいろな人に言われました。母の知り合いで芸能人や業界の人にはつながりがあったので、それを利用した方がいいということだったのでしょう。でも、私はまったく興味がなくて。

――今回、お母様が朝ドラの主人公のモデルになることについて、感想はありますか。

亀井　母を取り上げてくださるってことはとてもありがたいことだと思います。ただフィクションですからね。どんな風に描かれるのかは見てみないことには……。母と同じように飛んだり跳ねたりする役者さんは大変ですね。

私の祖母に当たる吉本せいさんをモデルにした「わろてんか」は見ていました。朝ドラの時間は、いつも犬にご飯をあげたり、散歩の時間だったりするので、忙しくてちゃんと座って見られないのですが、今回は落ち着いて見たいと思っています。

亀井ヱイ子　*Eiko Kamei*

笠置シヅ子氏の息女。1947年6月1日生まれ。
高校卒業後、マミ川崎フラワーデザインスクールに通う。
卒業後、フラワーアレンジメントを学ぶために渡米。
ビル・ヒクソンズスクールを卒業、ディプロマ取得。
シカゴで1年間フラワーショップに就職。帰国後、
大手ホテルのフラワー業に従事する。個人アトリエ
「ジャルダン・デ・フルール」も経営していた。

笠置シヅ子関連年表

和暦	西暦	年齢	出来事	主な歌唱曲や出演作品	世相・事件
大正3	1914	0	8月25日、香川県大川郡相生村に生まれる。誕生の約半年後、亀井うめと夫の亀井音吉夫婦の養子となって大阪に転居する。		第一次世界大戦勃発。
大正7	1918	4	養母うめの勧めで日本舞踊を習い始める。		富山で米騒動が起こる。
大正10	1921	7	下福島尋常小学校入学。		原敬暗殺事件。
大正11	1922	8	大阪に松竹楽劇部創業。		ソビエト連邦建国。
昭和2	1927	13	南恩加島尋常小学校卒業。宝塚音楽学校を受験するも不合格。その後松竹楽劇部生徒養成所に入る。8月、大阪松竹座「日本新八景おどり」に三笠静子の芸名で初舞台。	大阪松竹座「日本新八景おどり」	浅草・上野間で日本初の地下鉄が開業。
昭和3	1928	14	松竹楽劇部が東京に進出し、東京松竹楽劇部発足。浅草松竹座での初の東京公演に大阪から応援組で上京し、出演。		初の普通選挙実施。
昭和7	1932	18	拠点を東京に移す。東京松竹歌劇部、松竹少女歌劇部として発足。	大阪松竹座「春の踊り」	五・一五事件。
昭和8	1933	19	松竹少女歌劇部のレビューガールたちが労働争議（桃色争議）。その後、松竹本社直轄となり松竹少女歌劇へと改称。大阪劇場開業し、松竹歌劇部の本拠地となる。この年シヅ子がトップスター十選に選ばれる。	大阪歌舞伎座「歌舞伎おどり」	有楽町に日本劇場が開場。
昭和9	1934	20	三笠静子名義で収録した「恋のステップ」をコロムビアから発売。東京宝塚劇場創立で、丸の内・有楽町に進出。宝塚少女歌劇の東京の本拠地となる。松竹楽劇部が大阪松竹少女歌劇団に改称。	歌「恋のステップ」	大阪・千日前に大阪劇場（大劇）開業。
昭和10	1935	21	澄宮崇仁親王が三笠宮家を創設したのに伴い、芸名を三笠静子から笠置シヅ子に改名。		第一回芥川賞・直木賞発表。
昭和12	1937	23	松竹が浅草国際劇場を創立し、松竹少女歌劇団の本拠地となる。浅草国際劇場で「国際大阪踊り」に出演。	浅草国際劇場「国際大阪踊り」 大阪松竹少女歌劇団「神風踊り」	日中戦争勃発。
昭和13	1938	24	上京し、帝国劇場での松竹楽劇団旗揚げ公演「スヰング・アルバム」に出演。副指揮者の服部良一と出会う。	松竹楽劇団「スヰング・アルバム」	国家総動員法公布。
昭和14	1939	25	帝劇「カレッジ・スヰング」に出演、雑誌「スタア」で〝スヰングの女王〟と評される。コロンビア専属歌手となり、レビュー曲の服部良一作曲「ラッパと娘」レコーディング。養母・亀井うめ死去。	歌「ラッパと娘」	第二次世界大戦勃発。

年	年齢	出来事	主な出演作品	世相
昭和1[illegible] 194[illegible]	2[illegible]	東宝への引き抜き問題が起きるが、松竹にとどまることに 警視庁から丸の内劇場への出演を禁じられる。	歌「[illegible]」「ホット・チャイナ」	日独伊三国同盟成立
昭和16 1941	27	松竹楽劇団解散。独立したシズ子は「笠置シズ子とその楽団」を結成。弟の八郎が仏印海上で戦死。	邦楽座「タンゴ・ジャズ合戦」（淡谷のり子と共演）	真珠湾攻撃、太平洋戦争開戦。
昭和18 1943	29	吉本興業社長・吉本せいの次男・吉本穎右と出会う。	歌「アイレ可愛や」	学徒動員が始まる。
昭和19 1944	30	吉本穎右と交際を始める。楽団のマネジャーが無断で楽団を他の興行師へ転売。「笠置シズ子とその楽団」を解散。	全線座舞台「鼻の六兵衛」	神風特攻隊が編成される。
昭和20 1945	31	東京大空襲で三軒茶屋の自宅が焼失。市ヶ谷の吉本宅も焼失し、荻窪の林弘高隣家の隣家に仮住まいすることに。	日本劇場「ハイライト」（再開第一回公演）	第二次世界大戦終戦。
昭和21 1946	32	吉祥寺の服部良一宅二階に仮住まい。吉本穎右が早稲田大学を中退し、吉本興業で働き始める。	有楽座「舞台は回る」（榎本健一と初共演） 日劇「銀座千一夜」、有楽座「エノケンのターザン」 歌「コペカチータ」	日本国憲法が公布。
昭和22 1947	33	1月吉本穎右が病気治療のため大阪に帰郷。妊娠中ながらも「ジャズ・カルメン」で主演。これを機に引退を考えるも、周囲からの応援もあり現役続行を決意。5月穎右が死去。6月に穎右との娘ヱイ子誕生。9月「東京ブギウギ」のレコーディング。日劇「踊る漫画祭り・浦島再び龍宮へ行く」で「東京ブギウギ」を歌う。東宝映画「春の饗宴」で「東京ブギウギ」を歌う。	歌「セコハン娘」「浮かれルンバ」 日劇「踊る漫画祭り・浦島再び龍宮へ行く」 映画「春の饗宴」	日本国憲法施行。教育基本法・学校教育法・労働基準法が公布。
昭和23 1948	34	1月「東京ブギウギ」のレコードが大ヒットに。4月黒沢明監督映画「酔いどれ天使」にキャバレーの歌手役で出演。黒沢が作詞した「ジャングル・ブギー」を歌う。5月、横浜国際劇場の特別講演の前座で、11歳の美空和枝（美空ひばり）が笠置の持ち歌「セコハン娘」を歌う。自伝『歌う自画像』出版。	映画「歌うエノケン捕物帳」「酔いどれ天使」 歌「東京ブギウギ」「ジャングル・ブギー」「さくらブギウギ」「ヘイヘイブギー」「博多ブギウギ」「大阪ブギウギ」「ブギウギ時代」	
昭和24 1949	35	生誕地の香川県引田町（現東かがわ市）の朝日座で「笠置シズ子引田公演」を行う。	日劇ワンマンショー「歌う笠置シヅ子・服部良一ヒットメロディー」 歌「あなたとならば」「ホームラン・ブギ」「ブギウギ娘」 映画「エノケン・笠置のお染久松」「エノケン・笠置の極楽夫婦」「銀座カンカン娘」	湯川秀樹がノーベル賞受賞。

和暦	西暦	年齢	出来事	主な歌唱曲や出演作品	世相・事件
昭和25	1950	36	美空ひばりの米国公演に際し、服部良一が美空ひばりにブギを歌うことを禁じる。日系人慰問公演のため服部良一、服部富子、宮川玲子と渡米。	歌「買い物ブギー」 映画「結婚三銃士」「脱線情熱娘」	朝鮮戦争勃発。
昭和26	1951	37	美空ひばりとNHKラジオ「歌の明星」に出演し〝和解会見〟を開く。笠置の後援会発足。後援会長は東京大学総長で同郷の南原繁。	歌「アロハブギ」「ザクザク娘」「黒田ブギー」 映画「歌う野球小僧」「女次郎長ワクワク道中」「ザクザク娘」「桃の花咲く下で」	サンフランシスコ平和条約が調印、日本は独立国としての主権を回復。
昭和27	1952	38	第2回NHK紅白歌合戦に初出場。「買い物ブギー」を歌う。	映画「生き残った弁天様」「唄祭り清水港」「花吹雪男祭り」	羽田空港業務開始。
昭和28	1953	39	第3回NHK紅白歌合戦に初出場。紅組のトリをつとめ「ホームラン・ブギ」を歌う。浅草国際劇場で淡谷のり子と「世界を駆けるリズム合戦」で共演。	日本テレビ「とんだ忠臣蔵」 歌「たのんまっせ」「浅草ブギ」	吉田茂首相「バカヤロー解散」の後に第5次吉田内閣成立。
昭和29	1954	40	大阪の新日本放送（現、毎日放送）「笠置の特種記者」などのテレビ出演のほか、和歌山、奈良など地方公演。沖縄にも巡業へ。4月子供の命を狙う脅迫状が届くも無事犯人逮捕。	歌「鬼は外マンボ」「芸者ブギ」 映画「重盛君上京す」「落語長屋は花ざかり」	第五福竜丸がビキニ環礁で被災。青函連絡船・洞爺丸事故。
昭和30	1955	41	日本喜劇人協会（会長・榎本健一）設立、参加。	日劇「春のおどり」 歌「私の猛獣狩」「めんどりブルース」「ジャンケン・マンボ」 映画「のんき裁判」	
昭和31	1956	42	第7回NHK紅白歌合戦に初出場。紅組の大トリをつとめ「ヘイヘイブギー」を歌う。	歌「たよりにしてまっせ」「ジャジャンボ」（デュエット旗照夫、最後の吹き込みレコード）	日本が国連に加盟。
昭和32	1957	43	歌手を廃業。芸名を笠置シヅ子に改め、女優業に専念。	テレビドラマ「雨だれ母さん」 新宿コマ劇場「女床屋」、大阪梅田コマ劇場「大阪祭り」	ソ連が人工衛星打ち上げに成功。
昭和33	1958	44		NHKテレビドラマ「幸福の階段」 大阪梅田コマ劇場「女床屋」	皇太子婚約。
昭和35	1960	46	「服部良一シルバーコンサート」に出演。	フジテレビの連続テレビドラマ「台風家族」 映画「金づくり無法時代」	日米安保条約が改訂される。

昭和37	1962	48		明治座・新国劇「おいろけ説法」	
昭和39	1964	50		映画「愛と死をみつめて」「河内ぞろ 喧嘩軍鶏」「河内ぞろどけち虫」「十七才のこの胸に」	東京オリンピック開催。
昭和40	1965	51		映画「蝶々雄二の夫婦善哉」「日本侠客伝 浪花篇」	アメリカ軍による北ベトナム爆撃開始。
昭和41	1966	52	TBSテレビ「家族そろって歌合戦」のレギュラー審査員に（1980年12月の番組終了まで）。	映画「かあちゃんと11人の子ども」「兄弟仁義 関東三兄弟」「女は復讐する」「三等兵親分」	
昭和42	1967	53		映画「落語野郎 大爆笑」	
昭和43	1968	54		映画「喜劇 大安旅行」「スクラップ集団」	三億円事件が起きる。川端康成がノーベル文学賞を受賞。
昭和44	1969	55		映画「不良番長 どぶ鼠作戦」「待っていた極道」	東大安田講堂事件により東大の受験が中止に。
昭和45	1970	56		コマ劇場「喜劇王エノケンを偲ぶ」 映画「最後の特攻隊」「新宿の与太者」	よど号ハイジャック事件が起きる。
昭和46	1971	57	カネヨ石鹸の台所用クレンザー「カネヨン」のCMに出演。	映画「おくさまは18歳 新婚教室」「喜劇 いじわる大障害」「喜劇 女生きてます」	沖縄返還協定調印。
昭和47	1972	58	乳がんが見つかり手術（59歳）。		札幌冬季オリンピック開催。
昭和56	1981	67	日本劇場が閉鎖。「サヨナラ日劇フェスティバル ああ栄光の半世紀」の最終日に、山口淑子、長谷川一夫とともにステージ挨拶。		スペースシャトルが初の打ち上げ（コロンビア号）。
昭和58	1983	69	6月卵巣がんが見つかり手術（手術時は68歳）。		大韓航空機撃墜事件。
昭和60	1985	70	服部良一の伝記ドラマ「昭和ラプソディ」が放送。研ナオコが笠置シヅ子役を演じる。3月30日卵巣がんのため、東京・中野区の佼成病院にて死去（70歳）。		豊田商事会長刺殺事件。

四條たか子 *Takako Shijo*

山梨県生まれ。武蔵大学大学院人文科学研究科修士課程修了。学芸員資格取得（美術）。

競馬週刊誌、骨董店勤務、歴史小説家アシスタント等を経てフリーライター。

歴史、伝統工芸・芸能、競馬、人物史、企業活動などに関する取材・執筆活動を行う。

主な著書に『牧野富太郎と寿衛　その言葉と人生』（宝島社）、

『世界が愛した日本～戦場に舞い降りた奇跡の感動秘話～』

『世界が愛した日本～海を越えた永遠の友情秘話～』（いずれも竹書房）、

『幕末維新で散った若き志士たちの実像』（ベストセラーズ）、

『最新種牡馬データガイド』（新星出版社）など。

参考文献

『歌う自画像　私のブギウギ傳記』

（笠置シヅ子　北斗出版社　1948年）


『東京のうた　その心を求めて』

（朝日新聞社編　1968年）


『ぼくの音楽人生―エピソードでつづる和製ジャズ・ソング史』

（服部良一　日本文芸社　1982年）


『上海ブギウギ1945　服部良一の冒険』

（上田賢一　音楽之友社　2003年）


『船来音楽芸能史　ジャズで踊って』

（瀬川昌久　清流出版　2005年）


『ブギの女王・笠置シヅ子　―心ズキズキワクワクああしんど―』

（砂古口早苗　現代書館）


『虹の唄』

（美空ひばり　人間の記録第191巻　日本図書センター　2012年）


『古川ロッパ昭和日記　戦後・晩年編』

（古川ロッパ　晶文社　1989年）


『哀しすぎるぞ、ロッパ　古川緑波日記と消えた昭和』

（山本一生　講談社　2014年）


『夢のレビュー史　宝塚・OSK・SKDのあゆみ』

（菅原みどり　東京新聞出版局　1996年）

『近代日本の音楽百年―黒船から終戦まで―
第4巻　ジャズの時代』
（細川周平　岩波書店　2020年）

『興行師列伝　愛と裏切りの近代芸能史』

（笹山敬輔　新潮選書　新潮社　2020年）

笠置シヅ子
その言葉と人生
（かさぎしづこ　そのことばとじんせい）

2023年9月29日　第1刷発行

監修　亀井エイ子
著者　四條たか子
発行人　蓮見清一
発行所　株式会社宝島社
〒102-8388
東京都千代田区一番町25番地
営業／03（3234）4621
編集／03（3239）0599
https://tkj.jp
印刷・製本　公和印刷株式会社

Printed in Japan
ISBN 978-4-299-04673-4